क्रिकेट का महाभारत

सुशील दोषी

सार्थक
राजकमल प्रकाशन का उपक्रम

ISBN : 978-81-267-2830-5

मूल्य : ₹ 99

पहला संस्करण : 2016

सार्थक राजकमल प्रकाशन का उपक्रम

प्रकाशक
राजकमल प्रकाशन प्रा. लि.
1-बी, नेताजी सुभाष मार्ग, दरियागंज
नई दिल्ली-110 002

शाखाएँ
अशोक राजपथ, साइंस कॉलेज के सामने, पटना-800 006
पहली मंज़िल, दरबारी बिल्डिंग, महात्मा गांधी मार्ग, इलाहाबाद-211 001
36 ए, शेक्सपियर सरणी, कोलकाता-700 017

वेबसाइट : www.rajkamalprakashan.com
ई-मेल : info@rajkamalprakashan.com

मुद्रक
बी.के. ऑफसेट
नवीन शाहदरा, दिल्ली-110 032

CRICKET KA MAHABHARAT
Short Stories by Sushil Doshi

यह कहानी-संग्रह मैं अपनी श्रद्धेय माताजी श्रीमती मदनकुँवर देवी
व पिता स्व. श्री निरंजनलाल जी को समर्पित करता हूँ।
अपने उस समय के अभावों को भूलकर व स्वयं कष्ट उठाकर
मेरे क्रिकेटीय शौक को पूरा करने में इन्होंने कोई कसर न रखी।
एक अन्तर्राष्ट्रीय स्तर का क्रिकेट कमेंटेटर बनाने में
इनकी भूमिका निर्णायक थी।

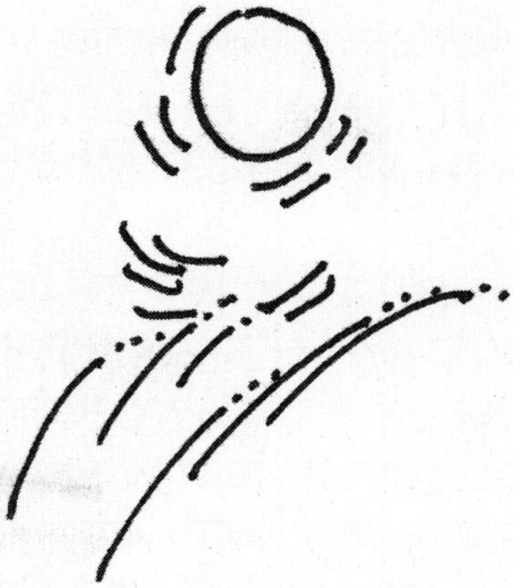

आमुख

अपनी तमाम सितारा हैसियत के बावजूद खिलाड़ी भी आखिर है तो इनसान ही। बहुत सारी खूबियों के साथ ही इनसानी कमजोरियाँ भी अगर उसमें हों, तो आश्चर्य नहीं करना चाहिए। जहाँ-जहाँ शोहरत है, पैसा है, चमक-दमक है वहाँ-वहाँ लालच अपने-आप दबे-पाँव चला आता है। तब गुनाहों के पलने का खतरा स्वयं बढ़ जाता है। मैच-फिक्सिंग व स्पॉट-फिक्सिंग की कई घटनाओं ने कुछ क्रिकेट खिलाड़ियों व प्रशासकों को सन्देह के दायरे में ला दिया है। कड़ी प्रतिस्पर्धा, अवसरों की कमी, बढ़ती लालसाओं व बेसब्र लालच ने क्रिकेट खेल की चूलें हिला दी हैं।

कहते हैं कि क्रिकेट शरीफ लोगों का खेल है। पर अब तो लगता है कि क्रिकेट से सम्बन्धित कई हस्तियों ने शराफत ही छोड़ दी है। भद्रजनों के इस खेल में भद्दी हरकतों ने मजा किरकिरा कर दिया है।

क्रिकेट खिलाड़ी को पूर्णता हासिल करने के लिए विज्ञान, तकनीक व कला के समन्वय की जरूरत होती है। पर आजकल हम पाते हैं कि तकनीक व विज्ञान कलारहित हो गए हैं और क्रिकेट के कलाकार अवैज्ञानिकता के शिकार हो रहे हैं।

जॉन रस्किन ने कहा है, ''गुणात्मकता कोई ऐसी चीज नहीं कि दुर्घटना हो और सामने आ जाए। गुणवान साबित होने के लिए बुद्धिमानीपूर्ण सच्चे प्रयासों की जरूरत होती है।'' कई असफलताओं के बाद ही एक सफल सितारे का उदय होता है। सचिन तेंडुलकर जैसे सितारे कोई रातो-रात प्रकट नहीं हो जाते। हमने उनकी चमक-दमक देखी है। शोहरत व दौलत देखी है। पर इसे हासिल करने के लिए उनकी मेहनत नहीं देखी। यही कारण है कि कई खिलाड़ियों की महानता का हम सच्चे अर्थों में अनुभव नहीं कर पाते हैं। इसी कारण उनकी ऊँचाइयों का हम सही मूल्यांकन नहीं कर पाते हैं।

बास्केटबॉल के सर्वकालीन सर्वश्रेष्ठ खिलाड़ी माइकल जॉर्डन ने कहा है, ''मैंने अपनी खेल जिन्दगी में 9000 शॉट्स के निशाने चूके। मेरे कारण मेरी टीम 300 गेम हारी। छब्बीस बार ऐसा हुआ कि मेरे सही निशाने से हमारी टीम गेम जीत जाती, पर मैं निशाने से चूक गया। मैं बार-बार असफल हुआ अपनी खेल जिन्दगी में। पर हिम्मत न हारी। और यही कारण है कि मैं आज कामयाब कहलाता हूँ।''

माइकल जॉर्डन की इस नम्र स्वीकारोक्ति में जीवन का मर्म छुपा हुआ है। जो मनुष्य असफलताओं के थपेड़ों से विचलित हुए बगैर पूरी ऊर्जा से सकारात्मक कर्म की ओर उन्मुख हो जाता है, वह अन्ततः सफलता प्राप्त कर ही लेता है।

क्रिकेट खेल के प्रति विद्वानों का दृष्टिकोण अलग-अलग हो सकता है। क्रिकेट खेल के गहन प्रेमी इसे जीवन जीने का एक तरीका मानते हैं, तो कुछ मनुष्य की कलात्मक अभिव्यक्ति की इन्तहा मानते हैं। इसीलिए सुनील गावस्कर की स्ट्रेट ड्राइव, सचिन तेंडुलकर की ऑन ड्राइव, वी.वी.एस. लक्ष्मण की कलाई की कलात्मकता से लगे फ्लिक,

राहुल द्रविड़ की रक्षा की अभेद्य दीवार, वीरेन्द्र सहवाग का शत्रु के खेमे में घुसकर आक्रामक अन्दाज, मोहिन्दर अमरनाथ का साहसिक 'हुक' या फिर बिशन बेदी, प्रसन्ना, चन्द्रशेखर, विनू मांकड़ व अनिल कुम्बले की स्पिन की जादूगरी आज भी हर क्रिकेट प्रेमी के दिल में बसी है।

पर कुछ विद्वान इसे निकम्मों का 'टाइम-पास' खेल भी मानते हैं। एक विद्वान ने तो कहा है, "क्रिकेट ऐसा खेल है, जिसे ग्यारह मूर्ख खेलते हैं, हजारों मूर्ख देखते हैं, लाखों मूर्ख चर्चा करते हैं और करोड़ों मूर्ख रेडियो पर सुनते हैं।" इन सज्जन ने जब यह कहा था, तब टेलीविजन का मनुष्य की जिन्दगी में पदार्पण नहीं हुआ था।

पर मैं व आप जैसे क्रिकेट प्रेमी तो हमेशा से ही इसे बुद्धिमानों का खेल मानते हैं। एक ऐसा खेल जो मानवीय संवेदनाओं को मैदान पर रेखांकित करता है। इसमें हर्ष, विषाद, रोमांच, उत्सुकता, रहस्य, सफलता, असफलता, आशा व निराशा सभी कुछ महसूस होता है। जीवन के इतने रंग हमें अलौकिक आनन्द की अनुभूति कराते हैं।

इस कहानी-संग्रह की कई कहानियाँ ग्लैमर के बीच पलते अवसाद को भी उजागर करती हैं। साहित्य में क्रिकेट खिलाड़ी को केन्द्रबिन्दु बनाकर कहानियाँ यदा-कदा ही गढ़ी गई हैं। इसी कमी को कुछ हद तक भरने का यह विनम्र प्रयास है।

इस कहानी-संग्रह में महाभारत के कई पात्रों को क्रिकेटीय जामा पहनाकर दो युगों को जोड़ने की काल्पनिक रचना की गई है। यूँ भी महाभारत की कथाएँ हम भारतीयों के मनोविज्ञान में कूट-कूटकर भरी हुई हैं। ये कथाएँ हमेशा हमें उद्वेलित भी करती हैं और रोमांचित भी।

इन कहानियों के सभी पात्र काल्पनिक हैं, पर मानवीय कमजोरियों पर सुलगते सवाल छोड़ जाते हैं।

आप सोचते होंगे कि एक कमेंटरीकार को यह कहानी-संग्रह रचने की जरूरत क्यों आ पड़ी? एक संवेदनशील कलाकार अपने इर्द-गिर्द घटनेवाली घटनाओं से कई बार इतना प्रभावित हो जाता है कि इस तरह की रचनाएँ रचने पर मजबूर हो जाता है।

फिर भी मैं कहूँगा कि ये कहानियाँ न तो किसी व्यक्ति-विशेष पर आक्षेप लगाती हैं और न ही किसी सत्य घटना को उजागर करने का दम्भ भरती हैं। किसी तरह की सनसनी फैलाने की मंशा भी मेरी कतई नहीं है।

आशा है, आप इस कहानी-संग्रह को दिलचस्प भी पाएँगे व क्रान्तिकारी प्रयास भी।

धन्यवाद!

—सुशील दोषी

अनुक्रम

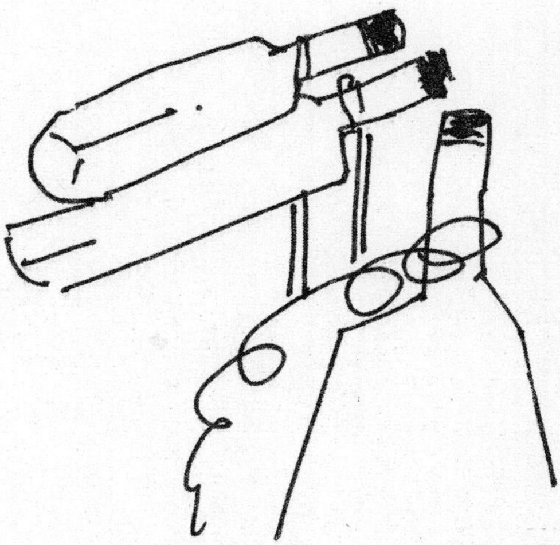

क्रिकेट का महाभारत

क्रिकेट का अर्जुन

सोमवार का वह दिन शायद अनिरुद्ध सिंह की जिन्दगी का सबसे मनहूस दिन था। अभी सुबह के 10 बजे थे कि फोन की घंटी बज उठी।

''डैडी, मैं गरिमा बोल रही हूँ।'' उधर से आवाज आई।

''हाँ, बोलो बेटे, क्या हाल-चाल है, मि. चड्ढा कैसे हैं और अचानक कैसे याद किया?'' अनिरुद्ध सिंह ने एक साथ तीन सवाल अपनी होने वाली पुत्रवधू से कर दिए।

''डैडी, मैं शाम की फ्लाइट से मुम्बई आ रही हूँ, सिर्फ आपसे मिलने। यह बहुत अर्जेंट मामला है। प्लीज, कहीं जाइएगा नहीं। और हाँ, किसी से अभी इसका जिक्र न करिए।''

''ठीक है बेटे, मैं एयरपोर्ट पर ही तुम्हें ले लूँगा।'' अनिरुद्ध सिंह ने जवाब देकर क्रेडल पर फोन रख दिया। वह सोच में पड़ गए कि आखिर गरिमा को ऐसा क्या काम हो सकता है। गरिमा कोई मामूली लड़की नहीं थी। राष्ट्रीय चयन समिति के अध्यक्ष हर्षवर्द्धन चड्ढा की इकलौती पुत्री थी। उसकी साफगोई और जिन्दादिल व्यक्तित्व से अनिरुद्ध

सिंह बहुत प्रभावित थे। अपने बेटे अर्जुन से उसकी सगाई इन्हीं गुणों के कारण तो की थी उन्होंने।

अपने वचन के मुताबिक अनिरुद्ध सिंह ने गरिमा से होनेवाली मुलाकात के बारे में अपनी पत्नी यशोधरा को भी नहीं बताया। इन्तजार में अगर रहस्य का पुट मिल जाता है तो वक्त गुजारना बहुत भारी पड़ जाता है। जैसे-तैसे शाम हुई और अनिरुद्ध सिंह अपनी पुत्रवधू को लेने एयरपोर्ट पहुँच गए। फ्लाइट सही वक्त पर थी। गरिमा को देखकर वह प्रसन्नता से भर उठे। कार वह स्वयं चला रहे थे, ''घर पहुँचने में एक

घंटा लगेगा। तुम चाहो तो अपनी व्यक्तिगत बात यहीं कर लो।''

''डैडी, आपको मैं दुखी नहीं करना चाहती पर कुछ सच्चाइयाँ हैं जिन्हें जानना आपके लिए बहुत जरूरी है। डैडी, आप तो जानते ही हैं कि मैं अर्जुन से बेइन्तहा प्यार करती हूँ पर अर्जुन अब गलत हाथों में फँस गया है।''

''क्या कहा?'' चिन्तित अनिरुद्ध सिंह टोके बिना न रह सके।

''हाँ डैडी, बात चिन्ता की ही है। तीन दिनों पहले दुबई से मि. हारुन नामक शख्स का फोन पिताजी के पास आया था। भूल से मैंने पहली मंजिल पर स्थित फोन सेट उठा लिया। मैं फोन रखने ही वाली थी कि अचानक हारुन ने कहा कि 'अर्जुन को पटा लिया गया है और उसने मैच फिक्स करने के लिए रकम भी ले ली है। इस डील में बड़ा फायदा हुआ है, आपका हिस्सा आप तक पहुँच जाएगा मि. चड्ढा।'

''डैडी, अर्जुन गलत संगत में पड़ गया है,'' गरिमा ने कहा, ''उसने पैसों के लिए देश को नीचा दिखाया है। मैं उससे नफरत करना चाहती हूँ। हो सके तो कम-से-कम अब उसे ऐसा करने से रोकिए।''

अनिरुद्ध सिंह तो मानो जमीन में गड़ गए। वह स्वयं भी अपने जमाने में भारत का प्रतिनिधित्व कर चुके थे। कहाँ देश के तिरंगे झंडे तले जीत का वादा करनेवाली उनकी टीम और कहाँ ये नवधनाढ्य क्रिकेटर जो देश को ही बेचकर आगे बढ़ने निकले हैं।

गरिमा तो उन्हें यों बेहाल छोड़ गई पर अनिरुद्ध सिंह क्रोध, निराशा और अपमान के भँवर में डूब गए। उन्होंने अपनी पत्नी यशोधरा, बड़े पुत्र अनुपम और स्वयं अर्जुन को बुलाकर बात खोल ही दी।

''नहीं डैड, मैं ऐसा नहीं कर सकता,'' अर्जुन चीख उठा, ''कोई साजिश लगती है। कोई गरिमा को मुझसे छीनना चाहता है।''

''अच्छा ऐसा है तो मेरी आँखों में आँखें डालकर सच बोल, मैं पहचान जाऊँगा।'' अनिरुद्ध सिंह ने गरजकर कहा।

बेईमान निगाहें कभी भी ईमानदार निगाहों का सामना नहीं कर सकतीं। अर्जुन भी पिता से नजरें न मिला सका।

"आप सब लोग मुझसे ईर्ष्या करते हैं। मेरी प्रगति देख नहीं सकते। अरे, आपके गरीब खानदान की नाक ऊँची की है मैंने। मेरे कारण आप सबकी हैसियत बढ़ गई है।"

अर्जुन की ये बातें सुनकर माँ यशोधरा ने एक चाँटा रसीद करते हुए कहा, "हमारी परवरिश में ऐसी क्या कमी रह गई थी कि तुझ जैसा देशद्रोही उभर आया। जा, प्यार को छोड़, धन खाना शुरू कर दे।" अर्जुन भी गुस्से में घर छोड़कर चला गया।

अर्जुन अब बहुत अकेला पड़ गया था। वह जानता था कि न चाहते हुए भी वह इस मैच फिक्सिंग के झमेले में पड़ गया है। अब इससे छूट निकलना भी आसान नहीं था। गुनाह करनेवाले हमेशा संगठित होते हैं, जबकि ईमानदार हमेशा अकेले। जिन्दगी कितनी क्रूर हो सकती है, इसका अन्दाज उसे लग गया था। उसे याद आया, कितनी ही बार उसने अपनी पारी फिक्स की थी। कभी विकेट के बीच फिसलकर रन आउट होना या फिर जान-बूझकर कैच थमा देना या फिर न आउट होते हुए भी जान-बूझकर चल देना ताकि लोगों को लगे कि बड़ा ही ईमानदार खिलाड़ी है।

चालाकी कितनी भी छुपाकर की जाए अपने निशान छोड़ ही देती है। अर्जुन के प्रेम में निराश गरिमा को एक मकसद मिल गया था कि मैच फिक्सिंग के राक्षस को खत्म कराना है। उसने अपने आपको एक सफल खेल पत्रकार के रूप में ढाल लिया। अपने अखबार में उसने कुछ बहुत ही सुलगते सवाल उठाए थे। जिनमें अर्जुन की कुछ पारियों का जिक्र भी था। उसने लिखा कि किस तरह एक चयनकर्ता और कुछ खिलाड़ी मिलकर व्यक्तिगत लाभ के लिए देश की प्रतिष्ठा को चूना लगा रहे हैं, गरिमा की इस रिपोर्टिंग पर पूरे क्रिकेट जगत में सनसनी फैल गई। अर्जुन की पारियों की वीडियो शूटिंग फिर से देखी जाने लगीं। नाराज क्रिकेट प्रेमियों की माँग पर सरकार ने जाँच दल बैठा दिया। गरिमा के पिता और चयन समिति के अध्यक्ष हर्षवर्द्धन चड्ढा भी अब शक के दायरे में घिर गए थे। अर्जुन अपने गले में कसते फन्दे

को महसूस करने लगा था। निराशा और अपनों की दूरी ने अर्जुन का अकेलापन घुटन की हद तक बढ़ा दिया था। पिता का अथक परिश्रम और माँ यशोधरा का निर्मल स्नेह उसे बार-बार याद आने लगा। गरिमा से मिले भी तो उसे बहुत दिन हो गए थे। पैसा था, प्रतिष्ठा थी, ऊँची सोसाइटी भी, भड़कीली कारें थीं, खूबसूरत लड़कियों के निमंत्रण थे, अपने इर्द-गिर्द चापलूसों की भीड़ थी—सब कुछ था। बस नहीं था तो माता-पिता का निश्छल प्यार और गरिमा की बेदाग मुहब्बत। वह ऐसे जीवन से थकने लगा। अब कोई मुझे माफ नहीं करेगा, वह मन-ही-मन बुदबुदा उठा। क्या गरिमा मुझसे अब भी प्यार करती है? उसने स्वयं से ही सवाल किया और स्वयं नकारात्मक उत्तर भी दे दिया।

ऐसी परिस्थितियों में जब उस पर क्रूर आरोप लग रहे थे, माता-पिता खिलाफ हो गए थे, एकमात्र प्यार रूठ गया था, वह एक और बड़ा मैच खेलने के लिए विकेट पर उतरा। सिडनी क्रिकेट ग्राउंड पर यह फाइनल मैच आस्ट्रेलिया के खिलाफ था। आखिरी चार ओवरों में भारत को जीत के लिए 30 रन बनाने थे और एक ही विकेट बाकी था। अर्जुन के साथ सामने केवल उत्तम चन्दानी था। तीन ओवरों में इस जोड़ी ने 22 रन बना लिये थे जिनमें से 21 रन तो अकेले अर्जुन ने बनाए थे। अब आखिरी ओवर बचा था और आठ रन बनाने थे। सब कुछ अर्जुन पर निर्भर था। तभी पैवेलियन से बारहवाँ खिलाड़ी पानी की बोतल लेकर आया। उसने वही चिर-परिचित चिट अर्जुन को थमा दी। इसमें लिखा था, 'टाइम टू गेट बैक होम।' अर्जुन काँप उठा। विकेट पर जाते वक्त उसकी निगाह पिता से मिली थी पर उन्होंने घृणा से मुँह फेर लिया था। प्रेस बॉक्स पर निगाह डाली, तब वहाँ मैच कवर कर रही गरिमा ने इस तरह का भाव दिया मानो कह रही हो कि तुम बेईमानी करके ही रहोगे। मि. चड्ढा जरूर खुश दिखे। उन्हें विश्वास था अर्जुन अपना काम कर दिखाएगा। छह गेंदों में आठ रन कोई बहुत सरल काम नहीं था। जाँच समिति के सदस्य भी किसी सन्देहास्पद चीज की तलाश में स्टेडियम में मौजूद थे।

आखिरी ओवर का रोमांच शुरू हुआ। अर्जुन ने पहली ही गेंद पर खूबसूरत स्क्वेयर कट लगाकर चार रन ले लिये। सारे स्टेडियम में स्तब्धता छा गई। अगली चार गेंदें बढ़िया आउटस्विंगर्स थीं जिन्हें अर्जुन ने सावधानी से खेल दिया। वह चाहता तो एक रन ले सकता था। वह स्ट्राइक उत्तम को देना नहीं चाहता था। उसे मालूम था कि उत्तम चड्ढा का आदमी है और तरन्त विकेट फेंक देगा। पर अर्जुन ने जब चार गेंदें रक्षात्मक तरीके से खेलीं तो भारतीय समर्थक निराश हो गए। पैवेलियन में बैठे पिता अनिरुद्ध सिंह ने समझ लिया कि अर्जुन जान-बूझकर हारना चाह रहा है। गरिमा समझी कि अर्जुन ने फिर मैच फिक्स कर लिया है। अब आखिरी गेंद पर चार रन जीत के लिए बनाने थे। यॉर्कर गेंद करने की कोशिश में गेंद फुलटॉस आई और अर्जुन ने गेंदबाज के पास से जोरदार ड्राइव करके चौका लगा दिया और भारत की ऐतिहासिक जीत हो गई।

इस रोमांचकारी विजय पर अर्जुन को हाथोहाथ लिया गया। पैवेलियन लौटते वक्त उसकी निगाहें पिता अनिरुद्ध सिंह से मिलीं। उनकी आँखें नम दिख रही थीं। मि. चड्ढा ने उसे देखते ही घृणा से निगाहें फेर लीं। जब गरिमा उससे मिलने प्रेस-बॉक्स से कूदकर आई तो अर्जुन बोला, ''मैम, माई नेम इज अर्जुन।''

गरिमा का दिल भर आया, ''जी हाँ, आपसे आज पहली बार मुलाकात हो रही है।'' शरारत का जवाब शरारत से दिया था उसने। अग्निपरीक्षा में खरा उतरा था अर्जुन।

क्रिकेट का भीम

कहते हैं, जिन्दगी चार दिनों की होती है। उसमें से 5 दिन टेस्ट मैच में निकल जाएँ, तो जिन्दगी में और क्या रहेगा? बचपन से अन्धे होते हुए भी धृतराष्ट्र यह बात जानते थे। अपने भ्राता के पुत्र के साथ स्वयं के पुत्र दुर्योधन को भी उन्होंने प्रशिक्षक बलराम सिंह के पास क्रिकेट की दीक्षा-शिक्षा के लिए भेजा। उन्होंने बलराम सिंह से कहा कि जमाने की रफ्तार अब तेज हो गई है और टेस्ट क्रिकेट के बजाय उसके लघु संस्करण 20-20 ओवरों के क्रिकेट का आकर्षण बढ़ने लगा है। ऐसे में बच्चों को शास्त्रीय क्रिकेट के बजाय मार-धाड़ वाला क्रिकेट सिखाना मुनासिब होगा। धृतराष्ट्र यह भी जानते थे कि धन, दौलत, शोहरत एवं तड़क-भड़क के जमाने में चौके-छक्के लगाने की कला का महत्त्व होने वाला है। भीम के भ्राता अर्जुन और युधिष्ठिर तो शास्त्रीय क्रिकेट के मुरीद थे और उसी को असली क्रिकेट मानते थे। अतः बलराम उन्हें टेस्ट क्रिकेट में काम आने वाली एकाग्रता, अनुशासन, धैर्य और मौका देखकर वार करने की योग्यता में पारंगत कर रहे थे। पर दुर्योधन और भीम तो बचपन से ही अधीर, गुस्सैल और बलशाली थे।

इसलिए दोनों चौके-छक्के लगाने की कला सीखने के लिए उपयुक्त शिष्य थे।

भीम अगर बलशाली था, तो दुर्योधन स्वाभाविक हिटर था। बलराम ने उनकी इन्हीं नैसर्गिक खूबियों में निखार लाने में अपना सर्वस्व लगा दिया। पूरे देश में दुर्योधन और भीम का नाम चमकने लगा और दोनों दर्शकों में अत्यन्त लोकप्रिय हो गए। जब एक ही युग में दो महान खिलाड़ी उपस्थित होते हैं, तो तुलना अपने आप होने लगती है। कोई दुर्योधन को महानतम हिटर बताता था, तो कोई भीम को अतुलनीय कहता था। बलराम यूँ तो अपने दोनों शिष्यों को चाहते थे, पर दुर्योधन के प्रति उनका प्यार गहरा था। उन्हें लगता था, पॉवर हिटिंग में दुर्योधन में शक्ति और कला का सामंजस्य बेहतर था जबकि भीम में जंगली शक्ति थी। भीम की यह जंगली ताकत हैरान कर देने वाली थी। इसलिए कई बार स्ट्रोक का टाइमिंग गलत होने पर भी छक्का लग जाता था।

दुर्योधन का फुटवर्क अद्‌भुत था। शरीर का संतुलन शानदार होता था। टाइमिंग इतनी सही होती कि कम ताकत में भी गेंद लम्बी दूरी पार करती थी। भीम-दुर्योधन दोनों को अपनी बल्लेबाजी पर नाज था।

दुर्योधन को इस बात की भी खुन्नस रहती थी कि भीम अक्सर उसे नीचा दिखाने की ताक में रहता था। भीम-दुर्योधन जहाँ कहीं भी खेलते पूरे देश के मीडिया की नजर उन पर केन्द्रित होने लगी थी। उनके हर वक्तव्य को बढ़ा-चढ़ाकर पेश किया जाता।

तुलना करना मानवीय प्रवृत्ति भी होती है और मानवीय कमजोरी भी। क्रिकेट प्रेमी इस बात से सिहर उठते थे कि कभी दुर्योधन-भीम का सामना हो जाए, तो क्या होगा? यह बात तो तय थी कि ऐसा कोई भी मुकाबला क्रिकेट की सर्वश्रेष्ठ प्रतिस्पर्धा वाला मुकाबला साबित होगा। एक नामचीन संस्था ने तो यह भी सुझाया कि दोनों का मुकाबला एक-एक ओवर का हो तो बेहतर। इसमें जो भी जीतेगा वह दुनिया का सर्वश्रेष्ठ हिटर तो घोषित होगा ही साथ ही एक करोड़ रुपयों की इनामी धनराशि का मालिक भी बनेगा। दुर्योधन व भीम को रुपयों की कोई परवाह न थी। दुर्योधन यह कभी नहीं भूलता था कि भीम की प्रेमिका ने उसे 'अन्धे का बेटा अन्धा' कहकर अपमानित किया था। भीम भी इस बात को कभी भूला नहीं था कि दुर्योधन की नजर उसकी प्रेमिका पर थी। एक ओवर की प्रतियोगिता में अपनी जंगली ताकत के बल पर वह दुर्योधन को नीचा दिखाना चाहता था।

एक-एक ओवर का क्रिकेट अपरम्परागत क्रिकेट था। इसकी पहले किसी ने कल्पना तक न की थी। पर दुर्योधन व भीम की हर गेंद पर छक्का लगा सकने की क्षमता ने ऐसी कल्पना को मूर्त रूप दिया था। इस मैच को लेकर उत्तेजनापूर्ण माहौल पैदा हो गया था। टेलीविजन पर लाइव टेलीकास्ट की व्यवस्था भी हो गई। इस रोमांचकारी मैच के प्रसारण के अधिकार 10 करोड़ रुपए में बिके। आयोजकों की भी चाँदी थी।

तय हुआ, मुम्बई के वानखेड़े स्टेडियम में यह मैच खेला जाएगा।

बात–की–बात में स्टेडियम के 50 हजार टिकट बिक गए। वह दिन भी आ गया, जिस दिन यह ऐतिहासिक मुकाबला खेला जाने वाला था। तालियों की गड़गड़ाहट के बीच टॉस दुर्योधन ने जीता और पहले गेंदबाजी करने का निर्णय लिया। दुर्योधन सहित 11 खिलाड़ी क्षेत्ररक्षण के लिए उतरे। दुर्योधन को गेंदबाजी करनी थी और भीम बल्ला सँभाल चुका था। मैच शुरू होने से पहले दुर्योधन ने मनोवैज्ञानिक दाँव फेंका, "भीम, सारे क्षेत्ररक्षक तो बाउंड्री लाइन के आसपास जमा दिए हैं। रन निकालोगे कहाँ से?"

"छक्के मारने वाले मैदान के भीतर के क्षेत्ररक्षकों की कभी परवाह नहीं करते।" भीम ने आँखें तरेरकर कहा।

दुर्योधन दाँत पीसकर रह गया। रोमांचकारी मैच शुरू हुआ। दुर्योधन ने लम्बा रन अप लेकर पहली गेंद बाउंसर की, जिसे भीम हुक करने गया पर ऊपरी किनारा लगकर गेंद फाइन लेग के क्षेत्ररक्षक के कुछ ऊपर से छह रन के लिए निकल गई।

"यह तो तुक्का है।" दुर्योधन ने खीजकर कहा। जवाब में भीम ने अगली तीनों गेंदों पर छक्के जड़ दिए। दर्शकों में कोलाहल मच गया। आखिरी दो गेंदों पर क्या होगा?

दुर्योधन को मालूम था, अगर अगली दो गेंदों पर भी छक्के गए तो जीत भीम की झोली में चली जाएगी। कुछ भी करके भीम को छक्का लगाने से रोकना होगा। दुर्योधन ने बदलाव कर धीमी गेंद का अब तक प्रयोग नहीं किया था न ही अब तक 'यॉर्कर' गेंद कर पाया था। दुर्योधन की पाँचवीं गेंद ठीक जगह पर पड़ी। भीम की किस्मत अच्छी थी कि बल्ले के भीतरी किनारे से लगकर गेंद स्टम्प और विकेट कीपर को छकाती हुई फाइन लेग बाउंड्री पर चली गई। चार रन के लिए।

"वाह, यह लेमन कट है या चायनीज कट?" दुर्योधन ने उपहास करते हुए कहा। पर भीम ने दुर्योधन को अपना रास्ता नापने की सलाह दे दी। खीज और निराशा दुर्योधन की जन्मजात कमजोरी रही है। छठी गेंद पर भीम ने मिड विकेट पर छक्का मारने का प्रयास किया। गलत

टाइमिंग के कारण गेंद फिर फाइन लेग बाउंड्री पार चली गई। यानी फिर 4 रन। इस तरह एक ओवर में भीम ने 32 रन बना लिए। स्टेडियम में अब अपेक्षाओं का बाजार गर्म हो चला था। क्या दुर्योधन छह गेंदों पर छक्के लगाकर मैच जीत जाएगा? या भीम उसे उकसाकर कोई गलत स्ट्रोक लगवा लेगा?

दुर्योधन की पारी शुरू हुई। उसने पहली 4 गेंदों पर ही 4 छक्के मारकर स्टेडियम में बैठे दर्शकों को स्तब्ध कर दिया। टेलीविजन पर मैच देख रहे दर्शक भी ऐसी कलात्मक हिटिंग देखकर दाँतों तले उँगली दबाने लगे। अगली दो गेंदों में से एक चौका और एक छक्का लग भी जाता है तो दुर्योधन की जीत तय थी। अटकलें तेज होने लगीं। सट्टेबाज सक्रिय हो गए। दुर्योधन की जीत के पक्ष में सट्टा लगने लगा। पाँचवीं गेंद पर दुर्योधन ने मिड-ऑन और मिड विकेट के बीच से ड्राइव करने की कोशिश की, पर बल्ले का बाहरी किनारा लगकर गेंद विकेट कीपर और स्लिप के बीच से थर्ड मैन बाउंड्री पर चली गई। दुर्योधन को 4 रन और मिल गए। अब आखिरी गेंद पर जीत के लिए छक्के की दरकार थी। यदि चौका लगता तो मैच टाई हो जाता। पूरे स्टेडियम में खलबली-सी मच गई। दुर्योधन और भीम के पक्ष के लोग जोर-जोर से नारे लगाने लगे।

तभी भीम की सलाहकार टीम के प्रमुख कृष्णपाल पानी लेकर पिच पर आ गए। उन्होंने भीम के कान में फुसफुसाया, "पूरी रफ्तार की फुलटॉस बीमर दुर्योधन के सीने पर मार दो। वरना उत्साहित दुर्योधन छक्का मारकर जीत जाएगा।"

भीम ने कहा, "यह न तो कानूनसंगत होगा, न न्यायसंगत, न धर्मसंगत।"

"पर तर्कसंगत तो होगा न भीम। जाओ वही करो जो मैंने कहा है।" कृष्णपाल ने लगभग आदेश ही दे दिया।

"पर कमर के ऊपर फुलटॉस बीमर तो नो बॉल हो जाएगी और दुर्योधन घायल हो जाएगा। वह मर भी सकता है।" भीम ने सहमकर

कहा। पर कृष्णपाल का रुख देखकर भीम काँप गया।

उसने आखिरी गेंद लम्बे रन अप से 160 किलोमीटर प्रति घंटे की रफ्तार से फुलटॉस बीमर सीधे दुर्योधन के सीने की तरफ फेंक दी। छक्का मारने के लिए आगे बढ़ते दुर्योधन के सीने पर सीधे गेंद लगी। 'धड़' की एक आवाज हुई और दुर्योधन सीना पकड़कर नीचे गिर पड़ा। लगभग अर्द्ध मूर्च्छित अवस्था में। अम्पायर ने नो बॉल दे दी। पर दुर्योधन 'रिटायर्ड हर्ट' हो चुका था। वह खेल जारी रखने की स्थिति में न था। भीम को विजेता घोषित किया जा चुका था। प्रशिक्षक बलराम यह देखकर पिच पर आ गए। उन्होंने भीम को नालायक और बेईमान कहा।

"अब मैं तुम्हें कभी प्रशिक्षण नहीं दूँगा।" कहते हुए वह क्रोधित मुद्रा में स्टेडियम से बाहर निकल गए। कृष्णपाल ने राहत की साँस ली। भीम समर्थक जीत का जश्न मना रहे थे। पर मैच जीतकर भी भीम को पराजय का ही अहसास हो रहा था।

क्रिकेट का दुर्योधन

भीमसिंह के साथ एक ओवर के संग्राम में भीम की अवैध फुलटॉस बीमर गेंद से जख्मी दुर्योधन अस्पताल में अपने पलंग पर कराह रहा था। उसे व दुनिया को मालूम था कि लघु संस्करण में वह भीमसिंह से बेहतर बल्लेबाज है। पर उसे आश्चर्य होता रहता था कि उसकी जगजाहिर श्रेष्ठता के बावजूद क्रिकेट प्रेमी दर्शकों व क्रिकेट के कर्ता-धर्ताओं की सहानुभूति भीमसिंह के साथ थी। उसे इस बात का भी आश्चर्य था कि क्रिकेट जगत के सर्वश्रेष्ठ संरक्षक कृष्णलाल भी भीमसिंह का ही पक्ष ले रहे थे। हाँ, कृष्णलाल ने ही तो भीमसिंह को सीने पर बीमर गेंद करने को कहा था। कृष्णलाल की उसी जानलेवा सलाह की वजह से आज दुर्योधन के क्रिकेट कैरियर का अन्त हो चला था।

कृष्णलाल ने तो दुर्योधन को कह भी दिया कि पहले किए पापों का कर्ज़ इस तरह उसे चुकाना पड़ रहा है। 'माना कि कृष्णलाल सही कह रहे हों। पर एक के द्वारा की गलती का भुगतान दूसरे के द्वारा की गई गलती से कैसे हो सकता है। तब तो ये दो गलतियाँ हो जाएँगी।' दुर्योधन मन-ही-मन बुदबुदाया।

पलंग पर पड़े-पड़े दुर्योधन को पुरानी घटनाएँ याद आ-आकर कचोट रही थीं।

"अर्जुन की प्रेमिका द्रौपदी ने जब मुझे 'अन्धे का बेटा अन्धा' कहकर अपमानित कर खिल्ली उड़ाई, तब किसी ने उसे रोका या टोका नहीं। ऐसा अपमान कौन सह सकता था? मेरी टीम के संरक्षक व साथी भी मन-ही-मन मेरे विरोधियों की जीत की कामना करते थे। अपनी इच्छा के बिना किसी से भी आउट न हो सकनेवाले भीष्मसिंह यूँ लड़े तो मेरी तरफ से थे, पर उनकी सहानुभूति विरोधियों के साथ रहती थी। उन्होंने तो कसम भी खा रखी थी कि युधिष्ठिर, भीम, अर्जुन, नकुल व सहदेव में से वह किसी का भी विकेट नहीं लेंगे। आप हमारे सबसे पराक्रमी योद्धा हो और आप ही विरोधी महारथियों के विकेट न टपकाने

की कसम खा लें, तो फिर हमारी टीम जीतती कैसे? फिर द्रोणाचार्य तो क्रिकेट के आचार्य कहे जाते हैं। क्रिकेट युद्ध में मन-ही-मन अर्जुन के ही मुरीद थे। अर्जुन के प्रति उनकी यह आसक्ति हमारी पराजय का कारण बनी। मेरे लिए जान तक कुर्बान कर सकने वाला कर्ण विश्वजयी था। पर वह दयावान भी था व वचन का पक्का भी। उसकी माँ कुन्ती ने भावनाओं को भड़काकर उससे यह वचन ले लिया था कि अर्जुन के अलावा वह किसी अन्य भाई को अपनी गेंदों से आउट नहीं करेगा। चूँकि कर्ण दानवीर भी था, तो याचक बनकर विरोधियों ने उसका चमत्कारिक बल्ला ही दान में माँग लिया था। अब दिव्यास्त्रों से वंचित ऐसा महारथी उन्हें मैच के महासंग्राम में कैसे जिता सकता था? लेकिन फिर भी ऐसे मैच में मैंने बड़ी जिद के साथ संघर्ष किया, जिसमें मेरे अपने ही महारथी मुझे धर्मविरुद्ध भी समझते थे और मुझे निरुत्साहित भी करते थे। भले ही आज मैं निःसहाय पड़ा हूँ और मेरा क्रिकेट जीवन चौपट हो गया हो, पर मेरी जुझारूपन की छाप हमेशा दिखाई देगी। इतिहास मुझे हमेशा याद रखेगा।'' यह आखिरी वाक्य दुर्योधन ने गुस्से व पीड़ा में जरा जोर से ही बोल दिया। तभी कृष्णलाल का वहाँ पदार्पण हुआ।

''किस इतिहास की बात कर रहे हो तुम दुर्योधन? इतिहास याद रखेगा कि किस तरह तुमने युधिष्ठिर, भीम, अर्जुन, नकुल व सहदेव जैसे पराक्रमी क्रिकेट खिलाड़ियों में से किसी एक को भी हस्तिनापुर की टीम में खिलाने से साफ मना कर दिया था। इतिहास यह भी याद रखेगा कि खेलने के लिए आए व शहर के सर्वश्रेष्ठ होटल में रुके इन भाइयों को तुमने ए.सी. में शॉर्ट सर्किट करके जिन्दा जलाने की कोशिश की थी। यह भी कि अपने भाइयों की प्रेमिका द्रौपदी की तरफ बुरी नजर डालने की तुमने असभ्य कोशिश की थी। तुमने तो भीष्म व द्रोणाचार्य के प्रति अपनी मर्यादाओं का भी ध्यान नहीं रखा। युधिष्ठिर व उसके भाइयों के प्रति ईर्ष्या ने तुम्हें खुद ही जलाकर खाक कर दिया। तुम्हारे जिद्दी स्वभाव, लालच व ईर्ष्या ने हस्तिनापुर के क्रिकेट को बर्बाद कर दिया है।...और एक बात कभी न भूलो दुर्योधन कि इतिहास

पराजितों को नहीं, हमेशा विजेताओं को याद रखता है। इतिहास में याद किए जाएँगे युधिष्ठिर, अर्जुन, भीम, नकुल व सहदेव। तुम्हें याद किया जाएगा तो केवल तुम्हारे पापों व उद्दंडता के लिए। तुम्हारी यह हालत तुम्हारे कर्मों के कारण ही बनी है। यह फल तो तुम्हें भोगना ही है।''

''आप हमेशा मेरी गलतियाँ ही गिनाते रहते हैं,'' दुर्योधन ने आह भरकर तनिक क्रोधपूर्ण मुद्रा में कहा, ''कृष्णलाल जी जरा सोचो कितने झूठे बोलों के कारण यह विजय युधिष्ठिर व उसके साथियों को मिली है। द्रोणाचार्य को झूठ बोलकर क्रिकेट से संन्यास युधिष्ठिर ने ही तो दिलवाया था। धर्मराज कहलाते हैं पर कह दिया कि उनका पुत्र अश्वत्थामा क्लीन बोल्ड हो चुका है। तभी ध्यान मुद्रा में जड़वत खड़े द्रोणाचार्य का विकेट गिरा दिया गया। कर्ण को भावुकता के जाल में फँसाकर चमत्कारिक बल्ला ले लिया गया व साथ ही अर्जुन के अलावा अन्य भाइयों को न मारने का वचन भी ले लिया। भीष्म जैसे परम पराक्रमी क्रिकेटर से भी वचन ले लिया गया कि वह किसी भी पांडव का विकेट नहीं गिराएँगे।''

''यह तो तुमने अपनी बात अपने तरीके से प्रस्तुत की दुर्योधन!'' कृष्णलाल ने तनिक क्रोध में कहा, ''अभिमन्यु का विकेट चटकाते वक्त तुमने नैतिकता कहाँ रखी थी? तुम्हें मालूम था कि क्रिकेट के लघु संस्करण में पहले छह ओवरों में केवल दो क्षेत्ररक्षक 30 गज के दायरे के बाहर रखने पड़ते हैं। पर तुमने अम्पायर को लालच देकर अपनी ओर मिला लिया और सभी फील्डर 30 गज के दायरे के बाहर खड़े कर अभेद्य चक्रव्यूह की रचना कर दी। फिर उसी अम्पायर ने 'बम्प' कैच होने के बावजूद अभिमन्यु को आउट करार दिया। अब नैतिकता की दुहाई देना तुम्हें शोभा नहीं देता दुर्योधन।''

दुर्योधन ने हताश होकर कहा, ''आपको तर्कों से हराना असम्भव है। आप पांडवों की गलतियों को मानवीय भूल मानते हैं और हमारी भूलों को षड्यंत्र। अगर ऐसा न होता तो शायद युद्ध ही न होता। आप विजेता हैं तो कुछ भी कह सकते हैं। पर मैं मानता हूँ कि मेरे साथ अन्याय भी हुआ है और छल भी?''

"छल की बात तुम करते हो दुर्योधन तो मुझे बड़ा अजीब लगता है," कृष्णलाल ने कहा, "तुम्हें याद तो होगा न, कि एक खेल में तुमने शकुनि के साथ मिलकर पांडवों के एक साथी को अपने पक्ष में कर लिया था। नियत समय पर उसने तुम्हारे इशारे पर नो बॉल भी कर दी थी, वह भी एक फुट से ज्यादा पैर आगे निकालकर। इस स्पॉट फिक्सिंग की खबर हमें लग गई थी। अम्पायर ने उसे नो बॉल न देकर तुम्हारी योजनाओं पर पानी फेर दिया था। ऐसा नहीं कि अम्पायर के मन में कोई बेईमानी थी। उससे महज नजरों की चूक हो गई थी। पांडवों की टीम के तुम्हारे साथी गेंदबाज ने तब सफाई दी थी कि अम्पायर ने नो बॉल दी ही नहीं तो गेंदबाज क्या कर सकता था? भाग्य कभी छल-कपट करनेवालों का साथ नहीं देता दुर्योधन। जीवन में तुमने बड़े-बड़े छल-कपट व पाप किए हैं। पश्चात्ताप इन सबका एकमात्र उपाय है। पर तुम्हारी अड़ियल व जिद्दी प्रवृत्ति तुम्हें जीवन के इस मोड़ पर भी शान्ति का स्वाद लेने नहीं दे रही।"

दुर्योधन कृष्णलाल की बातें सुनता रहा। उसका जख्म अब ज्यादा दर्दनाक हो चला था। एक बार फिर वह मूर्च्छा की अवस्था में घिर गया। उसके चेहरे पर अवसाद व दर्द एक साथ उभर रहे थे।

क्रिकेट का धृतराष्ट्र

उनका नाम तो धीर सागर था। फिर भी क्रिकेट के क्षेत्र में दबी जबान से उन्हें धृतराष्ट्र कहा जाता था। यह बात वह जानते थे और हैरान भी थे कि लोग उन पर यूँ ताने क्यों कसते हैं? वह तो अन्धे नहीं थे। इसीलिए उन्हें धृतराष्ट्र कहे जाने पर सख्त आपत्ति थी। लोगों की कानाफूसी से उन्हें ज्ञात हो चला था कि पुत्र-प्रेम में अन्धा होने का आरोप उन पर लगाया जाता है और इसीलिए धृतराष्ट्र भी कहा जाता है। क्या पुत्र-प्रेम कोई अपराध है? क्या अपने पुत्र को विश्वविद्यालय टीम का कप्तान बनाने की तमन्ना कोई संगीन जुर्म है? फिर उनका पुत्र तो अच्छा क्रिकेटर था। वह स्वाभाविक व सबसे नामी हिटर था। बात की बात में हर गेंद पर चौका या छक्का लगाने की उसमें अद्‌भुत प्रतिभा थी। हाँ, वह गुस्सैल, अधीर व नियमतोड़ व्यक्ति जरूर था, जो उसकी स्वाभाविक प्रतिभा पर ग्रहण लगाते थे।

धीर सागर को इस बात की भी खुन्नस थी कि उन्होंने अपने गुणी बेटे का नाम सुयोधन रखा था, पर लोग उसे दुर्योधन ही कहते थे। धीर सागर जब युवा थे, तो स्वयं विश्वविद्यालय टीम के कप्तान थे। आज

उसी विश्वविद्यालय में वह उपकुलपति हैं, तो उनका गुणी बेटा टीम का कप्तान क्यों नहीं बन सकता? अखबारों में आए दिन धीर सागर की बेटे के प्रति पक्षपातपूर्ण रवैये की आलोचना होती रहती थी। इस बात का उन्हें बड़ा अफसोस होता था कि लोग उनके पुत्र-प्रेम की तो आलोचना करते हैं पर सुयोधन की प्रतिभा को कोई पहचानना नहीं चाहता। दूसरी ओर उनके भाई के पुत्रों की प्रशंसा करते वक्त आलोचक थकते नहीं

थे। फिर भी मन कड़ा करके उन्होंने तय कर लिया था कि अपने भाई के पुत्र युधिष्ठिर सिंह, अर्जुन सिंह, भीम सिंह, नकुल देव व सहदेव सिंह को टीम से निष्कासित कर देंगे व तब बिना किसी रुकावट व प्रतिस्पर्धा के सुयोधन विश्वविद्यालय टीम का निर्विवाद कप्तान बन जाएगा।

उन्होंने अपनी मंशा विश्वविद्यालय के मनोनीत प्रशिक्षक व अपने जमाने के महान् खिलाड़ी भीष्म नारायण को बताई, तो भीष्म एकदम बिफर पड़े।

''यह तो सरासर अन्याय है। आप अपने भाई के प्रतिभाशाली पुत्रों को यूँ टीम से बाहर कैसे कर सकते हैं? आप तो अक्सर कहते रहते हैं, युधिष्ठिर व उसके भाइयों पर आपका स्नेह वैसा ही पुत्रवत है जैसा कि अपने स्वयं के पुत्रों पर।''

''यही तो तुम्हारी समस्या है भीष्म।'' धीर सागर ने तनिक क्रोध भरी मुद्रा में कहा, ''आप तां मेरी कोई बात मानना ही नहीं चाहते। आपने तो वचन दिय' था कि इस विश्वविद्यालय व यहाँ के उपकुलपति के प्रति आपकी आस्था को कोई डिगा नहीं सकता। आप तो पहली परीक्षा में ही असफल हो रहे हैं।''

भीष्म ने तनिक तल्ख होकर कहा, ''पर धीर सागर जी, युधिष्ठिर, अर्जुन, भीम, नकुल व सहदेव को भी मैंने अपनी गोद में खिलाया है। उन्हें भी श्रेष्ठ खिलाड़ी बनाने में मैंने अपना सर्वस्व लगाया है। सुयोधन की तरह ही मैं इनसे भी उतना ही प्यार करता हूँ, जितना आप अपने स्वयं के पुत्रों से। फिर मैं उनके साथ अन्याय में शामिल हो जाऊँ यह मुझसे न होगा। सुयोधन प्रतिभासम्पन्न जरूर है, पर उसके साथी खिलाड़ी अनुशासनहीन, शराबखोर, लम्पट व अधार्मिक हैं। शकुनि व दुःशासन पर कैसे भरोसा किया जा सकता है? युधिष्ठिर व उसकी अनुपस्थिति में हस्तिनापुर विश्वविद्यालय की टीम इस बार अखिल भारतीय अन्तर्विश्वविद्यालयीन चैम्पियनशिप नहीं जीत पाएगी। तब बड़ी किरकिरी होगी। हस्तिनापुर की क्रिकेटीय प्रतिष्ठा दाँव पर लग जाएगी, यह भी तो सोचिए धीर सागर जी।''

"आप तर्क की बात कर रहे हैं और मैं आपको आस्था की बात याद दिला रहा हूँ।" धीर सागर बेरुखी से बोले, "तर्क कहता है कि ईश्वर है या नहीं, किसने देखा। पर आस्था व अन्तर्मन की आवाज कहती है कि ईश्वर है। अत: मेरे सामने अपने तर्क को मजबूत व अपनी आस्था को कमजोर दिखाने की कोशिश न करो। सच तो यह है कि आप मेरे पुत्रों की उन्नति देख ही नहीं सकते। आप मुझे स्पष्ट शब्दों में कह दीजिए कि आप मेरी बात मानना नहीं चाहते।"

भीष्म ऐसी बातों से अक्सर कमजोर पड़ जाया करते थे। उन्हें कहना ही पड़ा, "मैं न चाहते हुए भी आपकी आज्ञा के अनुसार ही चलूँगा।" फिर उन्होंने विश्वविद्यालय की अनुशासन समिति की सभा बुलाई और सर्वानुमति से यह प्रस्ताव पारित करवा दिया कि युधिष्ठिर, भीम, अर्जुन, नकुल व सहदेव ने कई बार मैदान में आचरण संहिता का उल्लंघन किया है, अत: उन्हें दो वर्षों के लिए विश्वविद्यालय की क्रिकेट टीम से खेलने के अयोग्य करार दिया गया। साथ ही यह भी अखिल भारतीय विश्वविद्यालयीन खेल परिषद् को लिख दिया गया कि ये किसी अन्य विश्वविद्यालय से भी नहीं खेल सकेंगे।

भीष्म ने ऐसा निर्णय तो कर लिया, पर उनकी आत्मा उन्हें अन्दर से कचोटती रही। युधिष्ठिर व उनके भाइयों तथा उनके मार्गदर्शक कृष्णदास की सहमति से उन्होंने विराट विश्वविद्यालय में इनका दाखिला करवा दिया। पहचान मिटाने के सबब से उनके नाम, वेशभूषा, केश राशि की शैली आदि सभी बदल दिए गए। कोई नहीं कह सकता था कि ये युधिष्ठिर, भीम, अर्जुन, नकुल व सहदेव हैं। विराट विश्वविद्यालय में कीचक नाम का बहुत ही नामी बल्लेबाज था। उसके बारे में चर्चा थी कि वह तकनीकी रूप से बहुत ही सक्षम व जबर्दस्त हिटर था। उसे कोई आउट नहीं कर सकता था। एक दिन अर्जुन व भीम से उसकी कहा-सुनी हो गई। अर्जुन व भीम की तेज रफ्तार गेंदबाजी की चर्चा ने उसकी नींद उड़ा रखी थी। आखिर उसने अर्जुन व भीम को ललकार ही दिया। फिर क्या था सिंगल क्रिकेट प्रतिस्पर्द्धा कराई गई। भीम को कीचक की

दम्भभरी बातें बड़ी नागवार लगी थीं। वह कीचक को सबक सिखाने की जुगाड़ में ही था। विराट विश्वविद्यालय के सभी विद्यार्थी व स्वयं उपकुलपति इस दिलचस्प मुकाबले को देखने के लिए उपस्थित थे। कीचक ने घोषणा कर दी थी कि अगर भीम ने उसका विकेट ले लिया तो वह क्रिकेट खेलना ही छोड़ देगा।

अपेक्षा का वातावरण बन गया था। गहमा-गहमी अपनी चरम सीमा पर थी। भीम ने लम्बा रन-अप लिया और पूरी 160 किलोमीटर प्रति घंटे की रफ्तार की तूफानी यॉर्कर कीचक के पैर के अँगूठे पर ताककर फेंकी। अँगूठे पर लगकर गेंद उसका मिडिल स्टम्प ले उड़ी जो लहराकर 20 फुट दूर जा गिरा। दर्शकों में कोलाहल मच गया। अपमानित कीचक अपने टूटे हुए अँगूठे के साथ मैदान से बाहर चला गया।

खबर फैलते देर नहीं लगी कि भीम ने कीचक का मानमर्दन कर दिया। यह खबर हस्तिनापुर भी पहुँची। दुर्योधन को विश्वास हो गया कि कीचक जैसे प्रतिभावान बल्लेबाज के डंडे बिखेरनेवाला अर्जुन या भीम के अलावा कोई और नहीं हो सकता। धीर सागर को भी यह बात पता चली। उन्होंने भीष्म को बुलाकर पूछताछ की, तो भीष्म ने अनभिज्ञता जाहिर कर दी।

''अन्तर्विश्वविद्यालयीन प्रतियोगिता के फाइनल में विराट विश्वविद्यालय का सामना हस्तिनापुर विश्वविद्यालय से ही है,'' धीर सागर ने कहा, ''तभी दूध का दूध व पानी का पानी हो जाएगा।''

फाइनल के लिए पूरा हस्तिनापुर जैसे उमड़ पड़ा था। हस्तिनापुर विश्वविद्यालय के लिए भीष्म, द्रोण, कर्ण, अश्वत्थामा, कृपाचार्य के साथ ही स्वयं दुर्योधन जैसे महारथी थे। सभी को लग रहा था कि हस्तिनापुर की आसान जीत होगी। फिर विराट विश्वविद्यालय के लिए खेलनेवालों में कोई नामी क्रिकेटर नहीं था। पर उनकी टीम में शामिल पाँच नए खिलाड़ी आकर्षण का केन्द्र बने हुए थे। दुर्योधन उन्हें पहचान न पाया। बात-की-बात में इन पाँच नए खिलाड़ियों ने हस्तिनापुर की टीम की बल्लेबाजी को ध्वस्त करके विजय प्राप्त कर ली। वेशभूषा

बदलकर आए अर्जुन व भीम ने क्रिकेट के बड़े-बड़े महारथियों के डंडे बिखेर दिए। हस्तिनापुर हार गया। मैन ऑफ द मैच के लिए अर्जुन के नए नाम को पुकारा गया, तो वह तो अपने भाइयों के साथ मैदान से गायब ही हो गया था। दुर्योधन व हस्तिनापुर का मान-मर्दन करके उसे नीचा दिखा दिया गया था। दुर्योधन व पिता धीर सागर उर्फ धृतराष्ट्र सोचते ही रह गए कि क्या वे क्षमतावान युवक युधिष्ठिर व उसके भाई थे या कोई और? बस, केवल भीष्म व कृष्णदास मन्द-मन्द मुस्करा रहे थे।

क्रिकेट के युधिष्ठिर

युधिष्ठिर सिंह यह जानते थे कि वह अर्जुन की तरह अचूक यॉर्कर्स नहीं कर सकते या महाबली भीमसिंह की तरह चौके-छक्कों की बरसात नहीं कर सकते। पर फिर भी वह एक अत्यन्त उपयोगी हरफनमौला खिलाड़ी थे और अनुशासन, प्रतिबद्धता व टीम के लिए जीवटता से टिके रहने का उनमें अनुपम माद्दा था। दुनिया भर में उन्हें एक क्रिकेटर की तरह सम्मान मिलता था। क्रिकेट की गलाकाट स्पर्धा के बावजूद उनकी ईमानदारी की लोग कसमें खाते थे। युधिष्ठिर का कहा वाक्य क्रिकेट में अटल वाक्य माना जाता था। एक इनसान के तौर पर उनसे ऊँचा कोई न था। इसीलिए हस्तिनापुर की क्रिकेट टीम ने उन्हें अपना कप्तान चुन रखा था। इंग्लैंड के माइक ब्रेयरली भी कोई बहुत महान् बल्लेबाज न थे। पर नेतृत्व की अद्‌भुत काबिलियत के कारण उन्हें इंग्लैंड का कप्तान बनाया गया था। युधिष्ठिर सिंह पर भी यह बात लागू थी।

क्रिकेट की दुनिया में सब जानते थे कि सत्य का दूसरा नाम ही युधिष्ठिर है। जब उनके बल्ले से बारीक-सा कोना भी लग जाता और

उन्हें आउट नहीं करार दिया जाता था तब भी वह अपने-आप पैवेलियन की ओर चल निकलते थे। उनकी प्रतिष्ठा इतनी ऊँची थी कि कई विवादों के फैसले उनसे करवाए जाते थे। उनका फैसला हमेशा सभी पक्षों को स्वीकार भी होता था।

पर जिस तरह वातावरण में प्रदूषण बढ़ता जा रहा है उसी तरह क्रिकेट में आए लालच व ग्लैमर के प्रदूषण को रोकना मुश्किल हो रहा था। प्रतिस्पर्धा कड़ी होती जा रही थी और रकम बड़ी होती जा रही थी। स्वार्थ प्रतिभाओं को अवरुद्ध करने लगा था। उस दिन एक संघर्षपूर्ण मैच में जब सोमनाथ के पैड से टकराकर शॉर्ट लेग पर कैच गया और

हस्तिनापुर के क्षेत्ररक्षकों ने कैच की तगड़ी अपील की, तो दबाव में आकर अम्पायर ने सोमनाथ को आउट दे दिया। हस्तिनापुर के क्षेत्ररक्षक बड़े प्रसन्न हुए। पर उन क्षेत्ररक्षकों में ही पास खड़े युधिष्ठिर सिंह को यह रास नहीं आया। उन्हें मालूम था कि गेंद ने बल्ले को छुआ ही न था। वह कप्तान थे, अत: क्रिकेट की अस्मिता व गौरव को ध्यान में रखते हुए उन्होंने बल्लेबाज सोमनाथ को खेलने के लिए फिर बुला लिया। उसके बाद का खेल तो सोमनाथ का ही रहा। उसने शानदार शतक बना लिया। दिन के खेल के बाद सोमनाथ ने युधिष्ठिर का शुक्रिया अदा किया। पर हस्तिनापुर के अन्य कई खिलाड़ी नाराज हो गए। तब दुर्योधन व शकुनि भी हस्तिनापुर की टीम से ही खेलते थे। उन्होंने विद्रोह का बिगुल बजा दिया। दुर्योधन ने कहा, ''तात्, इतने ईमानदार बनने की आपको क्या पड़ी थी? आप तो हमें पराजय ही दिलवा देंगे। आप अम्पायर को अपना काम क्यों नहीं करने देते? आपको क्या लगता है, टीम को पराजय दिलवाकर आप अपना नाम अमर कर लेंगे? अखबारों में जरूर आपकी ईमानदारी की गाथाएँ लिखी जाएँगी, पर लक्ष्य इतिहास में अमर होने का नहीं होना चाहिए। लक्ष्य होना चाहिए टीम की जीत का! आपने अपने साथियों से भी इस पर चर्चा करना उचित न समझा?''

दुर्योधन की बातें सुनकर युधिष्ठिर को बड़ी ठेस पहुँची। उन्होंने समझाते हुए कहा, ''खेल की अस्मिता से बड़ा कोई नहीं होता। अम्पायर भी इनसान होता है। इनसानी भूल उससे भी हो सकती है। हमारा काम है, अम्पायर के काम को आसान बनाना। क्रिकेट यूँ भी सम्भ्रान्त लोगों का खेल है। इसमें बेईमानी का प्रवेश हुआ, तो खेल तबाह हो जाएगा। हार-जीत से परे भी हमें उच्च चरित्र बनाए रखना चाहिए। रुपए-पैसों की चमक के कारण आज हम गलत चीजों का साथ देंगे, तो अस्थिरता व शंका फैलते देर नहीं लगेगी। खेल कोई व्यवसाय नहीं, यह एक धर्म की तरह है। धर्म पर लांछन लगे, यह मुझसे गँवारा न होगा।''

युधिष्ठिर की बातें सुनकर दुर्योधन अनमना-सा हो गया। उसने

समझ लिया कि युधिष्ठिर के टीम में रहते उसकी दाल गलने वाली नहीं है। ऐसी स्थिति में हस्तिनापुर की कप्तानी करने का उसका सपना क्या धरा ही रह जाएगा? 'नहीं, मैं ऐसा नहीं होने दूँगा।' दुर्योधन मन-ही-मन बुदबुदाया। पास खड़ा चालाक व धूर्त शकुनि दुर्योधन की मनोदशा समझ रहा था।

"क्या सोच रहे हो दुर्योधन? आज के व्यावसायिक जमाने में युधिष्ठिर की सच्चाई तो कालातीत हो गई है। या तो वर्तमान में उपलब्ध सुलभ रास्तों को अपना लो, या पीछे छूट जाने के लिए तैयार हो जाओ। हस्तिनापुर को तो तुम्हारे जैसे कप्तान की जरूरत है। साम, दाम, दंड व भेद के जरिए बस जीत के लक्ष्य की तरफ बढ़कर ताकत व धन बटोरने की कोशिश होनी चाहिए। यह क्रिकेट का संघर्ष है। चरित्र व संस्कार ही सुरक्षित रखना है तो युधिष्ठिर से कहो कि वह साधु वेश धारण कर ले। हस्तिनापुर क्रिकेट टीम के कप्तान का पद तुम्हारी प्रतीक्षा कर रहा है दुर्योधन।" शकुनि ने दुर्योधन को उकसाने में कोई कसर नहीं छोड़ी।

फिर क्या था, हस्तिनापुर की क्रिकेट टीम का बँटवारा हो गया। दुर्योधन ने अपनी टीम मजबूत कर ली, जिसमें भीष्म, द्रोण, अश्वत्थामा, कर्ण, शकुनि, जयद्रथ जैसे सर्वकालीन श्रेष्ठ क्रिकेटर थे। उधर युधिष्ठिर की टीम में भीम, अर्जुन, नकुल व सहदेव जैसे खिलाड़ी थे, जो कभी भी मैच को पलट देने की क्षमता के मालिक थे। प्रमुख सलाहकार किशनलाल ने बल्ला या गेंद हाथ में थामने के बजाय सच्चाई के प्रतीक युधिष्ठिर का निहत्थे ही साथ देने की ठान ली। इससे युधिष्ठिर व उसके भाइयों को काफी मानसिक दृढ़ता मिली। दुनिया-भर के क्रिकेट प्रेमी यह आस लगा बैठे थे कि युधिष्ठिर व दुर्योधन की टीम के बीच का रस-भरा मुकाबला हो, तो मजा आ जाए। ऐसा कोई भी मुकाबला तकनीक व तरकीब का श्रेष्ठतम मुकाबला तो होने ही वाला था, मानसिक दृढ़ता का भी मुकाबला था।

उन दिनों भारत-भर में क्रिकेट के प्रति जोश व जुनून की भावना थी। टेलीविजन का तब आविष्कार नहीं हुआ था, बस स्टेडियम में ही

ओवर के बाद समीक्षा की जाती थी—वहाँ लगाए गए भोंगों पर। समीक्षाकार थे—संजय? दुर्योधन के पिता धृतराष्ट्र अन्धे होते हुए भी आयोजित मैच की गरमी को महसूस करने आए थे। पास बैठे कमेन्टेटर संजय उन्हें हर गेंद की बारीकी व बल्लेबाज की काट बताने के लिए तैयार थे। इस मैच का आयोजन व प्रयोजन भारत की मशहूर कम्पनी 'किलमोर' ने किया था। पूरा स्टेडियम खचाखच भर गया था।

दुर्योधन ने टॉस जीतकर युधिष्ठिर की टीम को बल्लेबाजी के लिए बुलाया। भीम के 60, अर्जुन के 70 व युधिष्ठिर के 30 की बदौलत उनकी टीम ने 20 ओवरों में 195 रन बना लिए। जब दुर्योधन की टीम की बारी आई, तो अर्जुन ने अपनी खौफनाक अँगूठातोड़ यॉर्कर्स द्वारा चार विकेट चटका दिए और स्कोर बोर्ड पर केवल 30 रन ही टँगे थे। तब भीष्म व द्रोणाचार्य ने बल्ला सँभाला। भीष्म जहाँ हर गेंद पर सही तकनीक से रक्षात्मक क्रिकेट खेल रहे थे, वहीं द्रोणाचार्य ने जवाबी हमला करते हुए पाँसा पलटना शुरू कर दिया। आज द्रोण को कोई रोक नहीं सकता था। उनका फुटवर्क गजब का था। उनका शरीर सन्तुलन दर्शनीय था। उनके स्ट्रोक्स का टाइमिंग अद्‌भुत था। दो क्षेत्ररक्षकों के बीच से उनकी स्ट्रोक को लगाने की कला अप्रतिम थी। जब स्कोर 150 रन हो गया, तब टाइम आउट हो गया। सलाहकार किशनलाल तब मैदान पर आए और युधिष्ठिर को समझाया, "यह धर्मयुद्ध तुम हार जाओगे। द्रोण हर गेंद को बिलकुल जमीन पर ही खेल रहे हैं। तुम बम्प कैच पर भी अपील कर देना।" युधिष्ठिर को यह सलाह रास तो नहीं आई क्योंकि वह जिन्दगी में कभी झूठ बोले नहीं थे।

'टाइम आउट' के बाद जैसे ही मैच शुरू हुआ, भीम की गेंद को द्रोण ने जोर से जमीन पर मारा और 'बम्प' कैच को युधिष्ठिर ने ले लिया। भीम ने अम्पायर पर दबाव डालने के लिए नाचना व खुशी मनाना शुरू कर दिया और जोरदार अपील की। द्रोण मुस्कराकर विकेट पर ही खड़े थे। तब अम्पायर ने कभी झूठ न बोलने वाले युधिष्ठिर से पूछा कि 'बम्प' कैच था या नहीं। युधिष्ठिर को तभी सलाहकार

किशनलाल की बात याद आ गई और कह दिया, "कैच तो था।" फिर मन-ही-मन बुदबुदा भी दिया, "बम्प या साफ यह मुझे मालूम नहीं।" बाद वाला भाग किसी ने नहीं सुना। धर्मराज युधिष्ठिर के इस कथन पर अम्पायर ने द्रोणाचार्य को आउट करार दिया। पैवेलियन जाते-जाते युधिष्ठिर की ओर हैरतभरी निगाहों से देखते हुए द्रोणाचार्य ने कहा, "आउट होने का मुझे खेद नहीं है। खेद तो केवल यह है कि तुम्हारे मुँह से असत्य वचन निकला।"

खैर, द्रोणाचार्य के आउट होते ही दुर्योधन की पूरी टीम बिखर गई। दूसरे सिरे पर केवल भीष्म टीम के इस संहार को देखते रहे और नाबाद रहे।

युधिष्ठिर के सभी भाई प्रसन्नचित्त थे। वे लगभग नाच रहे थे। केवल युधिष्ठिर नीची नजरें किए व्यथित नजर आ रहे थे। वह चाह रहे थे कि काश धरती फट जाए और उन्हें लील जाए।

क्रिकेट के भीष्म पितामह

भीष्म नारायण सिंह को भारतीय क्रिकेट का भीष्म पितामह भी कहा जाता है। क्रिकेट के मूल्यों की रक्षा करना उनका प्रमख उद्देश्य रहा है। जब वह खुद खेलते थे, तब उन्होंने बड़े उच्च आदर्शों के साथ क्रिकेट खेला। क्रिकेट की अस्मिता पर कभी चोट न आने दी। अब वह भारतीय क्रिकेट टीम के प्रमुख सलाहकार हैं। क्रिकेट जगत में उनकी बड़ी प्रतिष्ठा है। उनके पहले, तेज गेंदबाजों को खेलने में भारतीय बल्लेबाजों को बड़ी कठिनाई होती थी। उन्होंने अपने समय में अपनी श्रेष्ठ तकनीक से बड़ी बहादुरी के साथ दुनिया-भर के तेज गेंदबाजों का उनकी जमीन पर सामना किया था। तब बल्लेबाजों के पास हैलमेट नहीं होता था। न ही तेज गेंदबाजों द्वारा किए जाने वाले बाउंसरों व बम्परों की सीमा तय की गई थी। शरीर पर चोट लगने का डर हमेशा सताता रहता था। पर भीष्म नारायण को मालूम था कि जब आप क्रिकेट की पिच पर बल्लेबाजी के लिए जाते हैं, तब आप अकेले होते हैं। आपके साथ रहती है केवल आपकी काबिलियत! क्रिकेट के मैदान में काबिलियत का मुकाबला काबिलियत से ही होता है।

नैतिकता का वह जमाना आज कहाँ रहा? आए दिन उजागर होती मैच फिक्सिंग व स्पॉट फिक्सिंग की घटनाएँ उन्हें झकझोर रही थीं। क्रिकेट में पैसा, ग्लैमर, शोहरत व लालच इस कदर बढ़ गया था कि अब कोई किसी अन्य की इज्जत ही नहीं करता था। भीष्म नारायण का एक प्रशंसक वर्तमान क्रिकेट खिलाड़ियों के साथ घुल-मिलकर रहने लगा था। वही तो बता रहा था कि एक झुंड में खड़े खिलाड़ियों की

तरफ वह आ रहे थे तब एक वर्तमान लोकप्रिय क्रिकेट सितारे ने फब्ती कसी, "लो, आ रहे हैं ज्ञान बाँटने। जरा इनसे बचकर रहना।" ऐसी घटनाएँ उन्हें विचलित करती हैं, पर क्या करते? भारतीय क्रिकेट के हित का बीड़ा जो उन्होंने उठा रखा था।

जिस शराब, जुए व अनुशासनहीनता से उन्हें नफरत थी, वह आज क्रिकेट का प्रमुख अंग बन गई है। खिलाड़ियों की मैच की पूर्व रात्रि व मैच के दौरान प्रतिदिन रात 8 बजे योजनाएँ बनाने के लिए मीटिंग तय की जाती है, पर अधिकांश खिलाड़ी गायब मिलते हैं। पता चलता है, गर्ल फ्रैंड के साथ पब में गए हैं। कोई किसी कम्पनी के कार्यकारी के साथ अनुबंध की जुगाड़ में व्यस्त था, तो कोई अपने लिए व्यवसाय की नई सम्भावनाएँ तलाश रहा था। भीष्म नारायण यह मानते हैं कि आज के क्रिकेट खिलाड़ी पुराने क्रिकेट खिलाड़ियों के मुकाबले ज्यादा प्रतिभाशाली हैं। आज के क्रिकेट खिलाड़ी को सभी सुविधाएँ आसानी से मिल जाती हैं। आज क्रिकेट खिलाड़ी हवाई जहाज में घूमते हैं, पर उनके समय तो रेलगाड़ी का सफर ही नसीब था। पाँचसितारा होटलों में ठहरने की हैसियत भी काफी अरसे बाद आई। भारत से इंग्लैंड या ऑस्ट्रेलिया का दौरा करना हो, तो भारतीय क्रिकेट टीम पानी में तैरने वाले जहाजों में जाती थी। 2–3 महीने तो इन जल-जहाजों में ही लग जाते थे।

उन्हें याद है, एक मुँहफट तेज गेंजबाज ने तो उनकी योग्यता को ही चुनौती दे दी थी। "आप पुरानी बातें बहुत करते हैं भीष्म नारायण जी। मैं होता, तो पहले ओवर में ही आपके डंडे उखाड़ देता।" उसने कुछ ज्यादा ही गुस्ताखी कर दी थी।

भीष्म नारायण अब 63 वर्ष के हो चले थे। फिर भी उन्होंने ललकारते हुए कहा, "तब की बात छोड़ो, आज इस बूढ़े को ही आउट करके दिखा दो।" सभी सहम गए। पर भीष्म नारायण इस गेंदबाज को सबक सिखाना चाहते थे।

आखिर तेज गेंदबाज ने अपने अहंकार को आगे करते हुए कह ही दिया, "चलो, आज दो-दो हाथ हो ही जाएँ?" उत्सुक खिलाड़ियों,

क्रिकेट के जानकारों, भूतपूर्व खिलाड़ियों व पत्रकारों की भीड़ जमा हो गई।

"तुम एक ओवर तो क्या 20 ओवरों में भी मुझ 63 वर्ष के बूढ़े को आउट कर दो, तो मैं मान जाऊँगा कि तुम कोई गेंदबाज हो।" तब मुकाबले के नियम तय हुए। चूँकि भीष्म नारायण ने बिना हैलमेट लगाए ही खेलने का मन बना लिया था, अत: यह तय किया गया कि गेंदबाज बाउंसर नहीं करेगा।

मुकाबला शुरू हुआ। गेंदबाज खालिद अहमद ने तीन स्लिप व एक गली रखा, क्योंकि उसे अपनी आउट स्विंग पर बड़ा एतबार था। लम्बा रन अप लेकर उसने अपनी 142 किलोमीटर प्रति घंटे की रफ्तार की गेंदबाजी की। पर 63 वर्ष के भीष्म नारायण बिलकुल सही तकनीक से सामना करते रहे। ओवर-दर-ओवर बीतते चले गए। 15 ओवर बीत गए और भीष्म नारायण ने एक भी कैच तक नहीं दिया। वही सिर स्थिर रखकर ड्राइव करने की तकनीक, बैट व पैड एक लाइन में देकर बल्ले के बीचोबीच से खेलने की कला का प्रदर्शन। लगता था, जैसे बल्ले के बीच में कोई चुम्बक लगा हो, क्योंकि गेंद हमेशा वहीं टकरा रही थी। लोग दाँतों तले उँगली दबा रहे थे। डेनिस लिली द्वारा प्रशिक्षित आज का तेज गेंदबाज 63 वर्षीय भीष्म नारायण का बाल भी बाँका न कर पाया था।

खालिद अहमद का गुस्सा अब उबाल पर आ गया। लोग उस पर फब्तियाँ कसने लगे थे। उसने मन-ही-मन एक निर्णय ले लिया। उसने नियमों के विपरीत एक तेज बाउंसर कर दी। भीष्म नारायण इसके लिए तैयार नहीं थे। गेंद सीधी उनके मुँह पर लगी और उनके आगे के दो दाँत टूटकर पिच पर जा पड़े। सभी स्तब्ध रह गए और खालिद को धिक्कारने लगे। उसने नियमों के विरुद्ध जाकर एक बड़ी गंदी हरकत जो की थी। खालिद भी सहम गया। उधर भीष्म नारायण ने अपने दर्द को जब्त कर लिया। उन्होंने उह-आह तक न की। अपने इर्द-गिर्द खड़े क्षेत्ररक्षकों को दूर जाने को कहा। बल्ले से ही झाड़ू की मुद्रा में दोनों टूटे दाँतों को पिच

के बाहर धकेला और खालिद को फिर गेंदबाजी करने को कहा। उन्होंने यह भी चुनौती दे दी कि अब बाउंसर करने की भी छूट है। तब उन्होंने खालिद अहमद की बाउंसरों पर ऐसा बढ़िया हुक व पुल का प्रदर्शन किया कि देखने वाले हैरान रह गए। बात की बात में 20 ओवर पूरे हो गए और भीष्म नारायण तो विकेट पर अब भी अडिग थे।

खालिद अहमद पसीने व शर्मिंदगी में डूबा हुआ खड़ा था। उसे लग रहा था कि अच्छा हो, धरती में गड्ढा हो जाए और वह शर्मिंदगी से उसमें समा जाए। क्षेत्ररक्षक इकट्ठे होकर भीष्म नारायण को बधाई दे रहे थे। तब भीष्म नारायण की निगाहें निराश व हताश खालिद अहमद से मिलीं। वह क्षमा माँगते हुए उनके पैरों में गिर गया। भीष्म नारायण ने उसे उठाते हुए कहा, ''क्षमा मुझसे नहीं, अपने-आप से माँगो। तुमने दो अपराध किए हैं। पहला अपराध किया है अभिमानी बनने का। अपनी काबिलियत पर एतबार तो ठीक है, पर अहंकार तुम्हें डुबो देगा। दूसरा अपराध किया है नियम तोड़ने का। क्रिकेट शरीफ लोगों का खेल है। तुमने आने वाली पीढ़ी के लिए अच्छा उदाहरण पेश नहीं किया है।''

''और हाँ'' भीष्म नारायण ने अपने मुँह से बहते हुए खून की तरफ इशारा करते हुए कहा, ''तुम्हारे बाउंसरों में तीखापन व रफ्तार कम है वत्स। जब तुम एक 63 वर्ष के क्रिकेट से विलग हुए बूढ़े को 20 ओवरों तक विचलित न कर पाए, तो प्रतिस्पर्धा की इस विकट दुनिया में प्रतिद्वन्द्वियों को कैसे आहत कर पाओगे? जाओ, थोड़ी ट्रेनिंग और लेकर आओ।'' भीष्म नारायण के इन वचनों ने जहाँ खालिद को और शर्मिंदा कर दिया, वहीं वह नई पीढ़ी के लिए उदाहरण भी बन गए।

क्रिकेट का द्रोणाचार्य

क्रिकेट गुरु द्रोणाचार्य ने जब हस्तिनापुर क्रिकेट एसोसिएशन के मुख्य प्रशिक्षक की कमान सँभाली थी, तब उन्हें मालूम था कि उनसे अपेक्षाएँ बहुत हैं। हस्तिनापुर में क्रिकेट के कई प्रतिभाशाली युवा क्रिकेट सीख रहे थे। उनकी प्रतिभा को परिणामों में तब्दील करने का जिम्मा उन्हें सौंपा गया था। इन प्रतिभाशाली युवाओं में युधिष्ठिर, भीम, अर्जुन, नकुल, सहदेव के अलावा दुर्योधन व उसके भाई भी थे। एक-दो सत्रों में ही गुरु द्रोणाचार्य सभी की कमजोरियों व ताकत को समझ गए थे। युधिष्ठिर की ऑल-राउंड क्षमता व अनुशासन उन्हें पसन्द आया। बाहुबली भीम व दुर्योधन की चाहते ही छक्का लगा सकने की काबिलियत पर उन्होंने गौर किया। नकुल व सहदेव की सीखने की इच्छा व कम प्रतिभा होते हुए भी संघर्ष में बने रहने की आदत ने उन्हें प्रभावित किया। पर सबसे ज्यादा मोहित हुए वह अर्जुन पर। अर्जुन सभी छह गेंदें ताक कर यॉर्कर कर लेने की काबिलियत का स्वामी दिखाई देता था। बस, उन्होंने ठान लिया था कि अर्जुन को क्रिकेट इतिहास का सर्वश्रेष्ठ तेज व सटीक गेंदबाज बनाना है और इसकी

उन्होंने घोषणा भी कर दी। फिर अर्जुन कलात्मक बल्लेबाज भी तो था।

द्रोणाचार्य की यह बात दुर्योधन को जरा-भी नहीं भायी। द्रोण-पुत्र अश्वत्थामा भी काफी हताश दिखा। द्रोणाचार्य अपने पुत्र अश्वत्थामा को चाहते तो जान से भी ज्यादा थे, पर न जाने क्यों वह उसे प्रतिभा के मामले में अर्जुन से कमतर ही समझते थे। अश्वत्थामा भी यॉर्कर्स गेंदें सटीकता से करने में माहिर था और वह अपने-आप को अर्जुन से कम नहीं समझता था। इसी बात का फायदा दुर्योधन ने उठाया व अश्वत्थामा

को उकसाते हुए कहा, ''तुम भी 150 किलोमीटर प्रति घंटे की रफ्तार की यॉर्कर कर सकते हो। पर तुम्हारे पिता श्री ने अर्जुन को सर्वश्रेष्ठ तेज गेंदबाज बनाने की क्यों ठानी है? क्या इस पद पर तुम्हारा हक नहीं है?''

अश्वत्थामा को अपने मित्र दुर्योधन की बात सही लगी। उसने सोचा, 'पिता मेरे हैं व किसी दूसरे को मुझसे बेहतर बनाने में लगे हैं। यह कैसी विडम्बना है कि अपने भी परायों की तरह व्यवहार कर रहे हैं। मैं ऐसा नहीं होने दूँगा। मैं कठोर श्रम करूँगा और अपने-आप को अर्जुन से बेहतर साबित कर दूँगा।' पर फिर भी पिता के प्रति गुस्से ने अपना रंग दिखाया और एक दिन पिता को उसने खरी-खोटी सुना ही दी।

''आप मुझसे ज्यादा अर्जुन को चाहते हैं न? एक पिता का अपने पुत्र के प्रति ऐसा व्यवहार कहाँ तक उचित है?''

गुरु द्रोणाचार्य एक पिता के रूप में बहुत दुखी व आहत भी हुए। उन्होंने अश्वत्थामा को दिलासा देते हुए कहा, ''जो कुछ मैं अर्जुन को सिखा रहा हूँ वही तुम्हें भी सिखाऊँगा। तुम्हारी प्रतिभा कम नहीं है। पर डाह व क्लेश को छोड़कर तेज गेंदबाजी की कला की ओर एकाग्रता केन्द्रित करोगे, तो तुम भी अपराजेय साबित हो सकते हो।''

इधर अर्जुन अपनी निष्ठा, मेहनत, तीव्र व कुशाग्र बुद्धि, तेज नजर, सुतवाँ शरीर व गेंदबाजी के रन अप की लय के कारण ज्यादा विनाशकारी साबित हो रहा था। एक दिन अपने सभी शिष्यों को बुलाकर द्रोणाचार्य ने पूछा कि जब तुम तेज यॉर्कर करना चाहते हो, तब तुम्हें किस निशान पर दृष्टि टिकाना चाहिए?

दुर्योधन ने कहा, ''मैं तो पिच पर दृष्टि डालूँगा। यहीं से मैं बल्लेबाज के स्टम्प्स को 'चकरघन्नी' कर दूँगा।''

सभी ने अपनी-अपनी तरह के जवाब दिए।

अश्वत्थामा ने कहा मैं बल्लेबाज का चेहरा परखूँगा। जब अर्जुन की बारी आई तो उसने कहा, ''गुरुदेव मैं तो बल्लेबाज के अँगूठे को

निशाना बनाऊँगा, ताकि अँगूठातोड़ तेज यार्कर फेंककर या तो उसके डंडे उड़ा दूँगा या फिर एल.बी.डब्ल्यू. आउट कर दूँगा।''

गुरु द्रोणाचार्य ने खुश होकर अर्जुन को गले लगा लिया और कहा कि तुम्हें दुनिया का सर्वश्रेष्ठ तेज गेंदबाज बनने से कोई नहीं रोक सकता।

सभी युवाओं ने गुरु-दीक्षा प्राप्त करके अपनी-अपनी टीमों की राह ली। एक टीम बनी युधिष्ठिर की कप्तानी में, जिसमें भीम, अर्जुन, नकुल, सहदेव जैसे खिलाड़ी थे। इसके प्रशिक्षक बने किशनलाल। दूसरी टीम बनी कौरव बन्धुओं की जिसमें दुर्योधन (कप्तान) के साथ कर्ण, अश्वत्थामा, शकुनि, दुःशासन व जयद्रथ जैसे खिलाड़ी थे। दोनों टीमों का एक ही सपना था कि विश्व की सर्वश्रेष्ठ टीम बनना है। विधि का लिखा हुआ देखिए, दोनों ही टीमों ने अपने-अपने मैच जीतकर फाइनल में प्रवेश कर लिया। क्रिकेट के इतिहास में पहली बार ऐसा हुआ, जब एक ही जगह हस्तिनापुर की दो टीमें विश्व क्लब चैम्पियनशिप के फाइनल में पहुँची हों।

अब पूरे विश्व की निगाहें इन दो टीमों पर थीं। क्या भीम या दुर्योधन के छक्के मैच की तकदीर बदल देंगे? क्या अर्जुन के अचूक यॉर्कर्स की मार कर्ण व अश्वत्थामा झेल पाएँगे? क्या कर्ण या अश्वत्थामा स्वयं को अर्जुन से बेहतर साबित करने का अवसर भुना पाएँगे? एक सवाल यह भी उठ रहा था कि गुरु द्रोणाचार्य किसकी तरफ रहेंगे? एक तरफ उनका परम प्रिय शिष्य अर्जुन था, जिसका दुनिया भर में अचूक यॉर्कर फेंक सकने के लिए नाम था तो दूसरी ओर अश्वत्थामा व कर्ण थे, जो भी अपनी-अपनी कला में पारंगत थे और अर्जुन से निपटने के लिए आतुर थे। इस हैरतअंगेज मुकाबले को कवर करने के लिए दुनिया भर के अखबारनवीस आगे आए थे। टेलीविजन पर सीधे प्रसारण की व्यवस्था भी की गई थी। चर्चाओं व अटकलों का बाजार गरम था।

गुरु द्रोण से पूछा गया कि वह किसकी तरफ हैं। उन्होंने कहा, ''एक पिता की तरह तो मैं अश्वत्थामा के साथ हूँ, पर एक प्रशिक्षक की

दृष्टि से ज्यादा प्रतिभाशाली अर्जुन की टीम के साथ हूँ।'' द्रोणाचार्य की मानसिक वेदना व उनका अन्तर्द्वंद्व कोई संवेदनशील पिता ही समझ सकता है।

दुर्योधन को अपने मित्र कर्ण की बल्लेबाजी पर बड़ी आशा थी। उसे लगता था कि केवल कर्ण ही अर्जुन की तीखी गेंदबाजी को सही सबक सिखा सकता है। पर इतिहास गवाह है कि दुर्योधन का उसके भाग्य ने कभी साथ नहीं दिया। अर्जुन की गेंदों पर दो चौके लगाने के बाद कर्ण ने ज्यादा ताकत से अगला स्ट्रोक लगाने की कोशिश की, तो उसकी मांसपेशी ही खिंच गई। बाकी मैच में वह भाग न ले सका। बाकी के बल्लेबाजों पर अर्जुन ने कहर बरपाना शुरू कर दिया। हाँ, दुर्योधन ने 4 छक्के जरूर लगाए पर फिर भी उसकी टीम 96 पर ही आउट हो गई।

इस लक्ष्य को रोकने के लिए अश्वत्थामा ने कुछ तेज यॉर्कर गेंदें जरूर कीं। अर्जुन की टीम एक समय 50 रनों पर 5 विकेट खो चुकी थी। पर भीमसेन उनका सबसे अच्छा हिटर साबित हुआ। उसने 5 छक्के जड़ते हुए अपनी टीम को जिता दिया। दुर्योधन सिर पकड़कर बैठ गया। अश्वत्थामा निराश नजर आया।

और गुरु द्रोण? उन्हें समझ नहीं आ रहा था कि प्रसन्न हों या दुखी। यह विरोधाभास ही उनकी नियति थी।

क्रिकेट की कुन्ती

किस मुँह से बात करेगी वह कर्ण से ? क्या कर्ण उसकी बात सुनेगा ? अगर उसने अपमान करके निकाल दिया तो कुन्ती क्या करेगी ? अपने उस बेटे से वह हमेशा याचना ही करने की स्थिति में क्यों रहती है, यह कुन्ती समझ नहीं पाई थी। दीन-हीन स्थिति तो कर्ण की होनी चाहिए थी क्योंकि बेटा होते हुए भी वह माँ के प्यार से सदा वंचित रहा था। माँ की ममता से दूर रहकर भी वह सूर्य की तरह चमककर उभर आया था। क्रिकेट के क्षेत्र में उसका नाम बड़े आदर के साथ लिया जा रहा था। कर्ण क्या था, दिल्ली की टीम का आज कर्णधार बना हुआ था। उसकी तेज गेंदबाजी विपक्षी बल्लेबाजी के छक्के छुड़ा रही थी। जिस पुत्र को कुन्ती ने अपनी गलती मानकर दिल्ली के अपने एक गरीब मुलाजिम एवं पेशे से जुलाहे दिनकर को पालने के लिए सौंप दिया था, वह आज अपनी अप्रतिम प्रतिभा से सभी को अचम्भित कर रहा था। पूरे देश में 145 किलोमीटर प्रति घंटे की रफ्तार से तेज गेंदबाजी करने वाला वह अकेला तेज गेंदबाज बन गया था। उसकी बाउंसर इतनी छुपी हुई और आकस्मिक होती थी कि भारत का कोई भी बल्लेबाज

उसका सामना नहीं कर सकता था। पसलियों की तरफ आती उसकी ये बाउंसर गेंदें बल्लेबाजों के भीतरी भय को भी बाहर निकलने के लिए मजबूर कर देती थीं। शारीरिक रूप से उसकी क्षमता उसके पिता सूर्यनारायण की तरह ही थी।

सूर्यनारायण का नाम याद आते ही कुन्ती को अपने बदन में सिहरन महसूस हुई। यह सिहरन कुछ ही पलों में नफरत एवं क्षोभ में बदल गई। उसे याद आया कि किस तरह वह सूर्यनारायण पर पहली ही मुलाकात

में बेतरह मोहित हो गई थी। वैलेंटाइंस डे की वह डांस पार्टी उसे आज भी याद थी। इस तरह की डांस पार्टी का आयोजन मुम्बई के धनाढ्य वर्ग में अक्सर होता रहता था। तब कुन्ती ने जवानी की दहलीज पर कदम रखा ही था। उस सुन्दर युवक को वह देखती ही रह गई थी। पास आकर उसने नृत्य के लिए निमंत्रण दिया तो कुन्ती के मुँह से निकल गया, ''पर मैं तो आपको जानती तक नहीं।''

''सूर्या, सूर्यनारायण नाम है मेरा।'' उसके यह कहने पर कुन्ती ने उसे गौर से देखा। उसके चेहरे पर तैरती मुस्कराहट बड़ी दिलकश लग रही थी। फिर बड़ी बेतकल्लुफी से उसने कहा, ''अगर मैं कहूँगा कि आप बेहद खूबसूरत हैं तो आप नाराज हो जाएँगी इसलिए चलिए मैं आपको नहीं कहता कि आप खूबसूरत हैं।'' कुन्ती हत्प्रभ रह गई थी उसकी शरारती और बेबाक बातें सुनकर। कुन्ती ने महसूस किया कि सूर्या न केवल एक निहायत आकर्षक व्यक्तित्व का मालिक है बल्कि अत्यन्त व्यवहारकुशल एवं तेजस्वी भी है। ऐसा नौजवान, जिसके साथ की ख्वाहिश हर हसीन कन्या देख सकती है। उसका कोमल मन बिन्ध गया और विदेश से आए उस भारतीय से प्रेम की सीढ़ियाँ चढ़ने पर वह बाध्य महसूस करने लगी।

कुन्ती अब याद नहीं करना चाहती कि उस प्रेम के प्रतिफल कर्ण के जन्म के बाद उसे किन कठिनाइयों का सामना करना पड़ा था। किसी को पता न चले इसलिए कर्ण को रातोरात मुम्बई से दिल्ली भेज दिया गया। दिनकर जुलाहा उनका पुराना खादिम था। वफादारी में अव्वल। उसकी पत्नी भी चाहती थी कि सन्तान न हो पाने की स्थिति में उसके दुखी पारिवारिक जीवन को कोई सम्बल मिले। अतः कर्ण की परवरिश का जिम्मा मुँहमाँगी मुराद के रूप में उसे मिल गया। दिनकर और उसकी पत्नी ने खून-पसीना और प्यार की गंगा बहाकर कर्ण को शिक्षा-दीक्षा और क्रिकेटीय संस्कार दिए। जवान होकर आज कर्ण दिल्ली टीम का तुरुप का इक्का बन गया था। इस वर्ष रणजी ट्रॉफी का फाइनल दिल्ली और मुम्बई के बीच था। अपने आक्रमण के प्रमुख कर्णधार कर्ण

की तूफानी गेंदबाजी के जरिए दिल्ली टीम रणजी ट्रॉफी चैम्पियशनशिप जीतने के सपने सँजोए हुए थी।

कुन्ती को अब सूर्यनारायण की तो याद इतनी नहीं सताती, हालाँकि मंझधार में छोड़ने का अपराधी वह था। कुन्ती का दिल तोड़कर वह एक बार अमेरिका वापस गया तो फिर कभी दिखाई ही न दिया। दिल के घाव भरने का एक ही मरहम होता है—वक्त। दो-तीन वर्षों में ही मशहूर उद्योगपति के पुत्र पांडुरंग के लिए कुन्ती का रिश्ता आया तो पिता की सलाह पर कुन्ती ने हाँ कर दी। पांडुरंग से पाँच पुत्ररत्नों की प्राप्ति हुई जो बड़े ही जतन से पल्लवित हुए। मँझला पुत्र अर्जुन सभी कलाओं में पारंगत निकला। वह पढ़ाई-लिखाई में भी अव्वल रहता था, पर क्रिकेट के क्षेत्र में बल्लेबाजी में सारे भारत में उसके नाम का डंका बजने लगा था। मुम्बई में कई स्थापित भूतपूर्व अन्तर्राष्ट्रीय क्रिकेट खिलाड़ियों और गुणी प्रशिक्षकों की देख-रेख में वह हीरे की तरह निखरकर सामने आया था। अपनी टीम मुम्बई को फाइनल तक पहुँचाने में उसका प्रमुख हाथ था और पिछले तीन मैचों में वह लगातार शतक लगा चुका था।...अब जबकि दिल्ली की टीम से मुम्बई का फाइनल मुकाबला था, सारी निगाहें दिल्ली के कर्ण और मुम्बई के अर्जुन पर टिक गई थीं। कहा जाने लगा कि अर्जुन की बल्लेबाजी का रथ केवल कर्ण की पसलियों की तरफ आने वाली बाउंसर ही रोक सकती है।

कुन्ती इसी बात से चिन्तित थी कि कर्ण अब अर्जुन को जरूर नीचा दिखाएगा। कर्ण को तो मालूम था कि अर्जुन भी एक तरह से उसका भाई ही है पर अर्जुन को यह बात मालूम नहीं थी। वह कर्ण के पास यही अनुनय करने जाना चाहती थी कि वह अर्जुन के खिलाफ पसलियों की तरफ मुखातिब होने वाली बाउंसर का प्रयोग न करे। यह अस्त्र निश्चित रूप से अर्जुन की बल्लेबाजी के अभेद्य कहे जानेवाले रक्षण को भी ध्वस्त कर देगा। यह दृश्य सोचकर ही वह काँप उठी। उसने दृढ़ निश्चय किया कि कर्ण से बात करके ही रहेगी। वानखेड़े स्टेडियम में फाइनल मुकाबला था। कर्ण अपनी टीम के साथ मुम्बई आया था और स्टेडियम

के ही कमरे में ठहरा था। कुन्ती जब रिसेप्शन पर पहुँची और कर्ण से मिलने के लिए कमरे में आने की अनुमति माँगने लगी तो कर्ण ने स्वाभाविक हिचक दिखाई।

"मैं तो तुम्हारी माँ की तरह हूँ। मुझसे मिलने में संकोच नहीं होना चाहिए।" कुन्ती ने अब भी अपनी पहचान नहीं दिखाई।

कुन्ती जब कर्ण के कमरे में पहुँची तो वह अवाक् रह गया, "मम्मी, आप!"

"हाँ, बेटा कैसे हो?" कुन्ती ने तनिक ठहरकर पूछा।

"माँ के अभाव में बेटा कैसा हो सकता है?" न चाहते हुए भी कर्ण के स्वर में विषाद भर आया।

"बेटा, तुम कहोगे कि मैं स्वार्थी हूँ पर क्या करूँ? तुम ऐसा सोचने के लिए स्वतंत्र हो। कल से तुम्हारा मैच है और तुम्हारा भाई अर्जुन तुम्हारे सामने होगा। क्या तुम उस घातक बाउंसर अस्त्र का प्रयोग उसके सामने भी करोगे?"

"हाँ, क्यों नहीं मम्मी! मेरा धर्म भी यही कहता है। अपनी टीम के प्रति मैं कैसे गैर वफादार हो सकता हूँ?"

"पर बेटा, इसे मेरा आदेश समझ सकते हो। अर्जुन के सामने सब कुछ करना, बस उस बाउंसर को इस्तेमाल मत करना। इससे ज्यादा मैं कुछ नहीं कहूँगी।" कहकर कुन्ती ने उसे याचना भरी निगाहों से देखा।

कर्ण का हृदय भर आया, "यही तो बात है आपमें। आपको मैं कभी समझ नहीं पाया। आप हमेशा अर्जुन का ही पक्ष लेती हैं। क्या मैं आपका बेटा नहीं हूँ? आप हमेशा मुझसे ही बलिदान माँगती हैं? आप यह नहीं सोचती हैं कि आपकी बात मान लूँ तो अपनी टीम के साथियों एवं दिल्ली के लाखों समर्थकों को क्या जवाब दूँगा?"

"इतनी बातें सुनाने की जरूरत नहीं है तुम्हें। तुम मेरे आदेश की अवहेलना करने के लिए स्वतंत्र हो।" कुन्ती ने आग्नेय निगाहों से कर्ण को देखा और तीर की तरह निकल गई। कुन्ती तो चली गई पर कर्ण को निढाल छोड़ गई।

फाइनल मैच देखने के लिए 50 हजार दर्शक पाँचवें एवं अन्तिम दिन उपस्थित थे। मुम्बई को जीतने के लिए 175 रनों की जरूरत थी और पाँच विकेट बाकी थे। पर मुम्बई के लिए राहत की बात यह थी कि अर्जुन अब भी विकेट पर टिका हुआ था। उसने अन्तिम दिन चुन-चुनकर रन बनाना शुरू कर दिया। ओवर की आखिरी गेंद पर एक रन लेकर वह फिर स्ट्राइक पर आ जाता था। धीरे-धीरे रनों का अन्तर भरने लगा। इसी बीच मुम्बई ने दो विकेट और खो दिए। मुम्बई के लिए जीत का फासला अब केवल 25 रन रह गया था। तब दिल्ली के कप्तान सुरिन्दर ने गेंद कर्ण को थमा दी, "कर्ण, बाउंसर करो और अर्जुन का काम तमाम करो।"

आक्रामक क्षेत्ररक्षण जमा दिया गया। दो स्लिप, गली, फॉरवर्ड शॉर्ट लेग, बैकवर्ड शॉर्ट लेग और एक सिली पॉइंट यानी विकेटकीपर सहित 7 क्षेत्ररक्षक अर्जुन को नजदीक से घेरकर खड़े थे। रोमांच भर आया था। लोग दाँतों तले उँगली दबा रहे थे। स्टेडियम में कुन्ती भी बैठी थी। वह सोच रही थी कि कर्ण क्या करेगा।

कप्तान चिल्लाता रहा पर कर्ण ने बाउंसर की ही नहीं। अर्जुन अन्य गेंदबाजों पर रन बनाता रहा। शीघ्र ही रनों का अन्तर पाट दिया गया। मुम्बई तीन विकेट से जीत गया। जीत दिलानेवाले शतक ने अर्जुन को रातोरात सितारा बना दिया। पैवेलियन लौटते वक्त कर्ण की निगाहें साइट स्क्रीन के पास बैठी कुन्ती पर पड़ी तो कुन्ती का मन भर आया। दूर से ही उसने जैसे धन्यवाद दे दिया और आशीर्वाद भी। हर युग में कर्ण के छले जाने की कथा कायम है—कभी दोस्तों के हाथों छला गया तो कभी ममता के हाथों।

क्रिकेट का अभिमन्यु

अभिमन्यु ने पढ़ा था कि क्रिकेट में सफलता प्राप्त करने के लिए केवल अच्छा खेलना ही पर्याप्त नहीं है। किस्मत का अगर साथ न हो तो बड़ी से बड़ी प्रतिभा भी दबकर रह जाती है। पढ़ी हुई बातों को वह अब व्यावहारिक जिन्दगी में महसूस कर रहा था। पिछले दो सालों से वह रणजी ट्रॉफी तथा दिलीप ट्रॉफी प्रतियोगिताओं में सर्वाधिक रन बना रहा था पर जब भारतीय टीम चुनी जाती थी तो उसका नाम शामिल नहीं किया जाता था। निराशा के साथ अवसाद भी उसके मन पर हावी होता जा रहा था। देश के लिए खेलने का सपना क्या कभी पूरा नहीं हो सकेगा? वह मन ही मन बुदबुदाया और बेचैन होकर अपने कमरे की खिड़की के बाहर झाँकने लगा। बाहर हल्की बारिश हो रही थी। ठंडी बयार और चेहरे पर पड़ने वाली पानी की बूँदों के छींटे भी उसके बुझे मन को प्रफुल्लित नहीं कर पा रहे थे।

उसे याद है, सुखबीर उससे आधे रन बनाकर भी भारतीय टीम में शामिल कर लिया गया था। सुखबीर उसका मित्र ही था। सुखबीर को जब उसने बधाई दी थी तो उसने गम्भीरता से कहा था, "देखो अभिमन्यु

7-8 खिलाड़ी तो अपने नाम और प्रतिभा के आधार पर अपने-आप टीम में आ जाते हैं। संघर्ष केवल 3-4 नामों के लिए ही होता है। उसमें आपके क्षेत्र का चयनकर्ता कितना जोर लगा पाता है, यह महत्त्वपूर्ण होता है। फिर कई बार, कई चीजें मैनेज भी करनी पड़ती हैं।''

'मैनेज' शब्द कहने के साथ सुखबीर की शरारती मुस्कान वह अब तक नहीं भूला था। यह शब्द उसके मन-मस्तिष्क में तीर की तरह चुभ गया था और उसका सुख-चैन छीनकर ले गया था। उसे तो खेल के अलावा कुछ व्यावहारिक ज्ञान था नहीं।

"मैं यह टीम का स्थान कैसे मैनेज करूँगा?" वह लगभग कराहकर बोल पड़ा। अपने यूँ चिल्लाने पर वह चौंक भी पड़ा। रात के अन्धकार में बारिश की आवाज के कारण उसकी कराह किसी ने सुनी नहीं।

मध्यवर्गीय परिवार में पले-बढ़े अभिमन्यु का एक ही लक्ष्य था कि कैसे भी हो, भारतीय टीम का प्रतिनिधित्व करना है। पिता सोमदत्त सिंह सरकारी दफ्तर में मुलाजिम थे। ज्यादा तनख्वाह तो उन्हें मिलती नहीं थी पर अपने एकमात्र पुत्र अभिमन्यु को वह चाहते बहुत थे। अपने सामर्थ्य से बाहर जाकर भी वह अभिमन्यु की हर इच्छा पूरी करते थे। क्रिकेट का बल्ला, पैड्स, गार्ड्स, हेलमेट आदि उपकरण खरीदने में ही दो महीने की तनख्वाह खत्म हो गई थी बल्कि बचाया हुआ पैसा भी खर्च हो गया। क्रिकेट में उन्हें ज्यादा दिलचस्पी नहीं थी पर बेटे की आकांक्षा पूरी करते रहने की उनकी दिली-मंशा रहती थी। उनकी पत्नी चमेली देवी कई बार उन्हें कोसती कि भविष्य के लिए कुछ बचाने के बजाय सारी रकम अभिमन्यु की क्रिकेटीय महत्त्वाकांक्षाएँ पूरी करने में ही क्यों लुटाई जा रही है। पढ़ाई की तरफ अभिमन्यु का रुझान नहीं था अत: क्रिकेट में अगर सफलता नहीं मिली तो अभिमन्यु क्या करेगा? उसका विवाह करने की भी माता-पिता को चिन्ता थी। अगर भारतीय क्रिकेट टीम में खेल गया तो कॅरिअर बन जाएगा और अच्छे घर की लड़की भी मिल जाएगी। वर्तमान भारतीय टीम के लड़कों की तड़क-भड़क और शान-ओ-शौकत से वह अनभिज्ञ नहीं थे। अत: सोमदत्त सिंह और चमेली देवी के लिए पुत्र अभिमन्यु की क्रिकेट में सफलता की शर्त उनकी जिन्दगी का सबसे बड़ा जुआ था।

यह जिन्दगी की विडम्बना ही कहिए कि जो माता-पिता अपने बेटे की जिन्दगी को अपने खून से सींचते हैं, उन्हें उनका पुत्र अपनी व्यक्तिगत चाहत की बात सबसे आखिर में बताता है। अभिमन्यु अपने कॉलेज की सहपाठी नताशा के प्यार में बँध चुका था। नताशा एक बहुत ही खूबसूरत और महत्त्वाकांक्षी युवती थी। नाम, शोहरत, पैसा, ग्लैमर और इज्जत की वह बहुत परवाह करती थी। उसका सपना था कि अभिमन्यु शीघ्र ही

टेस्ट क्रिकेट खेले तो वे तमाम सपने पूरे हो जाएँगे जो उसने अपने लिए देखे थे। वह स्वयं एक धनाढ्य परिवार की युवती थी और उसके माता-पिता अपनी बराबरी का घर देख रहे थे। नताशा ने उन्हें समझा दिया था कि आजकल तकदीर बदलते देर नहीं लगती। एक बार अभिमन्यु भारतीय टीम में खेल ले तो वह भी हमारी बराबरी कर लेगा, ''डैडी, अभिमन्यु का व्यक्तित्व आकर्षक है और बल्लेबाजी की प्रतिभा में वह देश में माना जाने लगा है। वह दिन दूर नहीं, जब वह देश का प्रतिनिधित्व करेगा।''

इधर अभिमन्यु अपने खेल में निखार की भरसक कोशिश कर रहा था। रणजी ट्रॉफी का फाइनल मैच सामने था और उसके लिए यह सच्चाई से मुलाकात का वक्त था। पिछली रणजी ट्रॉफी चैम्पियन टीम से मुकाबला था। अभिमन्यु को मालूम था कि यहाँ अगर उसने अच्छी बल्लेबाजी दिखा दी तो आगामी वेस्टइंडीज दौरे के लिए उसके नाम पर मुहर लग जाएगी। मैच का दिन आ गया। उसकी टीम ने 19 रनों पर 4 विकेट खो दिए थे। दिलावर सिंह ने बढ़िया तेज गेंदबाजी करते हुए चारों विकेट लिये थे। अभिमन्यु विकेट पर आया तो स्टेडियम में बैठे 30,000 दर्शकों में स्तब्धता छाई हुई थी। स्थानीय टीम होने के नाते दर्शकों के सामने अभिमन्यु पर दबाव बढ़ा हुआ था। तीन स्लिप, एक गली और एक फॉरवर्ड शॉर्ट लेग खड़ा करके दबाव और बढ़ा दिया गया था। आते ही कनपटी के पास से गुजरने वाली दो बाउंसर गेंदों से उसका स्वागत किया गया पर अभिमन्यु बहुत ही दृढ़ संकल्प के साथ मैदान में उतरा था। उसने शुरू में अनुशासन बरता, अपनी नजरों को जमाया, गेंद की उछाल तथा रफ्तार को परखा और फिर गेंदबाजों को सबक सिखाना शुरू कर दिया। हुक, पुल, कवर ड्राइव, स्क्वेअर कट— सभी स्ट्रोक्स का उसने बढ़िया परिचय दिया और शानदार 105 रन बनाकर ही आउट हुआ। देश के सभी अखबारों और टेलीविजन चैनलों पर उसकी बल्लेबाजी की कलात्मकता के चर्चे थे।

अगले दिन वेस्टइंडीज जाने वाली भारतीय टीम का चुनाव होना

था। पाँच चयनकर्ताओं में से एक उसके क्षेत्र का असगर अली भी था। सुबह के अभी 8.30 बजे थे कि असगर का अभिमन्यु के लिए फोन आया। फोन अभिमन्यु के पिता ने उठाया। अभिमन्यु को कह दीजिए कि सुबह 11 बजे से पहले मेरे घर आकर मुझसे मिल ले, असगर ने सूचना दी। सोमदत्त सिंह ने जैसे ही यह बात अभिमन्यु को बताई, उसकी धड़कनें तेज हो गईं। क्या उसका चयन होनेवाला है? क्या सभी दुनियावी सपनों के पूरा होने का वक्त आ गया है? पर टीम तो शाम को घोषित होनेवाली है, फिर मुझे अभी क्यों बुलाया है, यह बात अभिमन्यु समझ नहीं पाया। कहीं कोई बुरी खबर तो नहीं है, इस आशंका से अभिमन्यु काँप उठा। रणजी ट्रॉफी फाइनल में शानदार शतक लगाने के बाद भी अब चयन नहीं होगा तो कब होगा—यह कहकर उसने अपने-आप को ढाढ़स बँधाया।

जल्दी से तैयार होकर वह मोटरसाइकिल पर सवार हो असगर से मिलने चल दिया। वह यहाँ पहले भी आया था पर पहले क्रिकेट की बारीकियों पर बात करने आया करता था। आज वह धड़कते दिल से इम्तिहान का परिणाम जानने आया था। ड्राइंगरूम में उसे इन्तजार करने के लिए कहा गया। कुछ देर के बाद असगर अली आए तो अभिमन्यु ने श्रद्धा से उनके पाँव छू लिए। मौन भंग करते हुए असगर अली ने कहा, "खेले तुम अच्छा। शतक भी लगाया पर क्या फायदा? तुम्हारी टीम तो हार गई। इस टेम्परामेंट का तुम क्या करोगे?"

अभिमन्यु का दिल धड़क उठा। वह समझ गया कि उसके हक को फिर दरकिनार किया जा रहा है। उसे अपने सपने टूटते नजर आए। फिर से सुखबीर की याद आई जिसने कहा था कि प्रतिभा होने के बावजूद कुछ खास स्थान 'मैनेज' करने पड़ते हैं। उसे यह भी मालूम था कि अब उसे नहीं चुना गया तो फिर शायद कभी नहीं चुना जाएगा। माता-पिता के सपनों का क्या होगा? नताशा तो हरगिज उससे शादी नहीं करेगी। अपनी डूबती दुनिया को बचाने की नीयत से उसने बहादुर बनते हुए पासा फेंका, "सर, दो सालों से मैं स्थानीय टूर्नामेंटों में सबसे ज्यादा रन

बना रहा हूँ। मुझे पता है, इससे कुछ नहीं होगा। मैं यह स्थान हासिल करने के लिए कुछ भी करने को तैयार हूँ। आप हुक्म तो दीजिए।''

''क्या मतलब है आपका?'' असगर अली ने कड़कते हुए कहा। फिर स्वयं ही नरम पड़ते हुए कहा, ''देखो, तुम समझदार हो। मुझे कुछ नहीं चाहिए पर अन्य चयनकर्ताओं की तरफ भी देखना होता है। ऐसा करो, एक लाख भिजवा दो, तुम्हारा चुनाव पक्का। तुम्हारे पास शाम के 4 बजे तक का वक्त है। उसके बाद पाँचों चयनकर्ता वीडियो कॉन्फ्रेंस करके टीम को अन्तिम रूप दे देंगे।''

''ठीक है, सर!'' कहकर अभिमन्यु निकल तो गया पर वह सोच में पड़ गया कि एक लाख रुपया उसके गरीब माता-पिता कहाँ से लाएँगे। उसने नताशा से यह बात कही तो उसने कहा कि 50 हजार तो मेरे पास हैं, वह तुम ले लो। बाकी का बन्दोबस्त तुम खुद करो। शाम के 4 बजने तक अभिमन्यु बाकी की व्यवस्था न कर सका। वह उतनी ही रकम लेकर असगर अली के पास पहुँच गया।

''सर, इससे ज्यादा नहीं हो पाया। बाकी, बाद में कभी कर दूँगा।''

''मुझे रिश्वत देने की कोशिश कर रहे हो?'' असगर अली का स्वर अब बदल गया। उन्होंने तुरन्त प्रेस कॉन्फ्रेंस बुलाकर वक्तव्य दे दिया कि अभिमन्यु ने स्थान पाने के लिए 50 हजार रुपए रिश्वत की पेशकश की थी इसीलिए उसे बाहर कर दिया गया है।

भारतीय क्रिकेट के महारथियों ने मिलकर क्रिकेट के अभिमन्यु के कॅरिअर का फिर वध कर दिया था।

क्रिकेट का शकुनि

वह आज तक न समझ पाया था कि उसके माता-पिता ने उसका नाम शकुनि क्यों रखा था। माता-पिता का तो वह सदैव लाड़ला रहा था। बचपन से पाँसे फेंककर जीतने का वह शौकीन था। पर केवल इसी कारण तो उसका नाम शकुनि नहीं रखा गया होगा। 'चलो, मैं क्यों फिक्र करूँ', वह मन ही मन बुदबुदाया, 'वैसे भी नाम में क्या रखा है?' फिर पाँसे फेंककर जीतना भी एक महती कला है। इसमें एकाग्रता, कल्पना-शक्ति, आत्मविश्वास व अपनी काबिलियत में भरोसे की भी अत्यन्त आवश्यकता होती है, तभी तो आप जीत सकते हैं।

बचपन की पाँसे फेंककर जीतने की आदत ने आज उसे एक अलग ही मोड़ पर खड़ा कर दिया था। आज न केवल वह अपने क्लब की क्रिकेट टीम का सदस्य था, बल्कि कप्तान भी बन चुका था। भाग्य को प्रतिभा से प्रबल मानना उसकी बचपन की आदत थी। वाचालता को व्यवहार कुशलता समझना व लाचारी को बुद्धिमानी मानना भी उसके खून में समा चुका था। क्रिकेट के मैदान पर वह कम बोलता था, पर उसकी आँखों की चमक जीत व हार के साथ बदलती रहती थी। वह

जिस क्लब के लिए खेलता था, उसके पास अथाह धनराशि थी। इस क्लब के साथ कई औद्योगिक घरानों के कर्ता-धर्ता, राजनीतिज्ञ व फिल्म स्टार जुड़े थे। क्लब क्रिकेट की अखिल भारतीय चैम्पियनशिप में जीत जाने के लिए ये सभी हस्तियाँ व्याकुल रहती थीं। शकुनि अपनी भविष्यवाणियों से इन जीतों के प्रति तमाम महत्त्वपूर्ण शख्सियतों को प्रभावित करता रहता था। एक कप्तान की तरह उसकी योग्यता की खूब चर्चा होती रहती थी। बल्लेबाज तो वह अच्छा ही था, पर कप्तान की भूमिका में मैचों को पलट देने की उसकी क्षमता अखबारों में चर्चा का विषय बनी हुई थी।

पहली बार जब मैचों को 'फिक्स' करने का प्रस्ताव उसके पास आया था, वह स्तब्ध-सा रह गया था। तब क्रोधित होने के बजाय उसने अवसरों व सम्भावनाओं को तलाशने की कोशिश की थी। शान और शौकत उसकी भीतरी कमजोरी थी, पर इस बात को उसने कभी जाहिर नहीं होने दिया था। अभावों में बीतती जिन्दगी से उसे नफरत सी हो चली थी। वह भी बड़ा आदमी बनना चाहता था। जिन्दगी छोटी होती है और अवसर होते हैं कम। तिस पर प्रतिस्पर्धा हर क्षण कड़ी होती जा रही थी। उसे मालूम था, मेहनत करके बड़ा आदमी बनने में जिन्दगी का कीमती वक्त हाथ से निकल जाएगा। किसी को कानोकान खबर भी न लगे और आप बड़ी हस्ती बनकर उभरें—इसका मजा ही कुछ और है। इस मनोविज्ञान के साथ उसने पहला बड़ा पासा फेंकने की ठान ली। अगले सप्ताह उसके कुशाग्र क्रिकेट क्लब का फाइनल मुकाबला मुरुगन क्रिकेट क्लब से था। सारे देश में इस मुकाबले की चर्चा थी। टेलीविजन चैनल ने सीधे प्रसारण की व्यवस्था भी की थी। उसमें टॉस से ही यानी पाँसा फेंकने से ही बड़े बनने की यात्रा की शुरुआत की। टॉस पर बड़ा सट्टा होता है। उसने अपनी जिन्दगी का सबसे बड़ा कदम उठाते हुए टॉस हारने के लिए तीस लाख रुपयों की पेशकश को स्वीकार कर लिया। मुरुगन क्रिकेट टीम के कप्तान कुरुपन ने सिक्का उछाला और शकुनि ने 'हेड' कहा। इसके पहले कि कुरुपन या मैच रैफरी कुछ देख पाते शकुनि ने फुर्ती से सिक्का जमीन से उठाकर कहा, "बधाई, आप टॉस जीत गए।"

"पर मैंने तो सिक्का देखा ही नहीं।" जब कुरुपन ने यह कहा तो वाचाल शकुनि ने तुरन्त समझा दिया, "फायदा तो आपको ही है। मैं क्यों झूठ बोलूँगा?"

बात भले ही आई-गई हो गई, पर शकुनि तीस लाख रुपयों की भारी कमाई कर चुका था। उसे मालूम था कि वह एक नई दुनिया में प्रवेश कर चुका है। वह अपने मन को समझा चुका था कि अपराधी तब तक अपराधी नहीं होता, जब तक कि वह पकड़ा न जाए। पकड़े जाने

की सम्भावनाएँ 'ना' के बराबर थीं। अपनी योजनाओं को और कारगर बनाने की सोच में वह भिड़ गया। शकुनि ने महसूस किया कि जीवनशैली बदल जाने के बाद अब लोग उसकी तरफ आकर्षित हो रहे हैं। उसके कपड़े बेहतर हो गए। उसके चेहरे पर चमक आ गई। खूबसूरत लड़कियाँ उस पर डोरे डालने लगी थीं। 'यह हुई न कुछ बात,' शकुनि मन-ही-मन बुदबुदाया। रुपयों की खनक में बड़ी ताकत होती है। उसके साक्षात्कार अखबारों में प्रमुखता के साथ छपने लगे। उसकी कप्तानी की भूरि-भूरि प्रशंसा होने लगी।

अब वह अपने अगले बड़े कदम की प्रतीक्षा करने लगा। उसे मालूम था कि केवल टॉस के बल पर बड़ा खेल करते रहने पर शंका की सुई कभी भी उसके ऊपर मुड़ सकती है। शीघ्र ही मौका भी आ गया। क्लब चैम्पियनशिप के नॉक आउट मुकाबले में उसने अपनी टीम की हार का दाँव लगा लिया था। अगर उसका दाँव सफल रहता है, तो उसे एक करोड़ रुपए मिलने वाले थे। पूरा स्टेडियम उस दिन खचाखच भरा हआ था। बहुत ही दिलचस्प व काँटे वाला मुकाबला था यह! कुशाग्र क्लब के लिए शकुनि ने टॉस जीतकर बल्लेबाजी का निर्णय लिया और निर्धारित 20 ओवरों में 136 रन बनाए। स्वयं शकुनि ने 20 गेंदों पर 36 रन बनाकर वाहवाही लूटी।

जवाब में 19.5 ओवरों में खंडूरी क्रिकेट क्लब के 134 रन बन चुके थे। आखिरी गेंद पर तीन रन बनाकर ही खंडूरी क्रिकेट क्लब जीत सकता था। तब क्षेत्ररक्षण जमाते वक्त गेंदबाज रमन्ना व मिड ऑफ पर खड़े करतार से शकुनि ने बात की।

"आज उन्हें जिता दो यार", शकुनि ने उन्हें समझाया, "एक ही गेंद का सवाल है, दोनों को दस-दस लाख रुपए दिलवा दूँगा। दोनों स्तब्ध रह गए। पर आखिर कप्तान की बात मान गए। रमन्ना ने आखिरी गेंद को ऑफ व मिडिल स्टम्प की लाइन में किया और बल्लेबाज केवल सामने पुश कर पाए। रमन्ना ने योजना के तहत गेंद को फील्ड नहीं किया व बल्लेबाज एक रन के लिए दौड़ पड़े। उधर मिड ऑफ से

आकर करतार ने गेंद को फील्ड किया और पास आकर गेंदबाज को दे देता या विकेट उखाड़ देता तो उनकी टीम जीत जाती। पर उसने वैसा नहीं किया और जोर से स्टम्प्स की ओर थ्रो किया, यह जताने के लिए कि सीधे थ्रो से रन आउट करना चाहता है। बस उस ओवर थ्रो से खंडूरी क्रिकेट क्लब के बल्लेबाजों ने दो रन और ले लिये व मैच जीत लिया। शकुनि ने अपनी कप्तानी में मैच हारा, पर वह इनाम जीता, जिसकी उसे तमन्ना थी।

जिस तरह से भले लोग अच्छे लोगों को ढूँढ़ निकालते हैं और उनकी आपस में बनने लगती है, उसी तरह से बेईमान निगाहें बेईमान साथियों को ढूँढ़ निकालती हैं और उनकी भी एक अलग जमात बन जाती है। बेईमान जमात आनन-फानन में कमाई गई सम्पत्ति पर गर्व करती है और ईमानदारों को ओछी दृष्टि से देखती है। शकुनि भी यही सोचता था। मेहनत, लगन, एकाग्रता जैसी चीजें उसे रास नहीं आती थीं। उसकी चालाकी उसके नाम के भी आगे निकल रही थी। वह फिक्सिंग के तरीके भी बदलने लगा। फिक्सिंग में ज्यादा लोगों को शामिल करने के वह खिलाफ था। पर क्रिकेट एक टीम का खेल है। अतः कुछ लोगों को शामिल किए बिना काम नहीं चलता था।

उसने एक दाँव स्पॉट फिक्सिंग पर भी लगाया। एक बहुत ही महत्त्वपूर्ण मैच में उसने हार के लिए दाँव लगाया। रमन्ना को गेंदबाजी दी। आखिरी ओवर चल रहा था और विरोधी टीम को जीत के लिए केवल एक रन की दरकार थी। बल्लेबाज ने पाँच गेंदें बिना रन लिये ही रक्षात्मक तरीके से खेल दीं। तब शकुनि का माथा ठनका। 'कहीं बल्लेबाज ने भी हार जाने के लिए मैच तो नहीं फिक्स कर रखा है।' यह सोचकर ही उसके रोंगटे खड़े हो गए। उसका शातिर दिमाग फिर भी अपना काम तेजी से कर रहा था। शकुनि ने रमन्ना को पास बुलाया और कहा कि लम्बी 'नो बॉल' कर दो। रमन्ना ने वैसा ही किया और अम्पायर के नो बॉल करारते ही शकुनि की कुशाग्र क्रिकेट टीम हार गई। उनके समर्थक मायूस हो गए, पर शकुनि मन-ही-मन प्रसन्न था।

जहाँ-जहाँ इनसान हैं, शोहरत है, मुकाबला है, प्रतिस्पर्धा है, दौलत है, वहाँ शकुनि नाम का चरित्र अलग-अलग रूप में मौजूद जरूर है। चाहे वह व्यवसाय हो, राजधर्म हो या क्रिकेट का मैदान। तमाम शरारतों के बाद भी ऐसे शकुनि कभी-न-कभी पकड़े जरूर जाते हैं। क्या अन्तर्राष्ट्रीय क्रिकेट में भी ऐसा होगा?

क्रिकेट की द्रौपदी

क्रिकेट खेल की दीवानी द्रौपदी को यह समझ नहीं आ रहा था कि वह एक से ज्यादा शख्स से मुहब्बत क्यों नहीं कर सकती? उसे युधिष्ठिर की सच्चाई, धर्मपरायणता, अनुशासन व हरफनमौला की छवि से प्यार था। उसे भीम की इनसान होते हुए भी जंगली ताकत से मोह था, तो उसके तीखे तेवर भी पसन्द थे। अर्जुन की तो वह दिलो-जान से मुरीद थी। 160 किलोमीटर प्रति घंटे की अँगूठा-तोड़ यॉर्कर गेंदों से अर्जुन जब बल्लेबाजों के स्टम्प्स बिखेर देता था, तो पूरा क्रिकेट संसार मंत्रमुग्ध हो जाता था। द्रौपदी भी इसकी अपवाद न थी। भीम अगर लम्बे-लम्बे छक्के लगाकर लोकप्रियता के नए आयाम छू रहा था, तो अर्जुन अपनी भयावह व अचूक तेज गेंदबाजी से बल्लेबाजों के भीतरी डर को बाहर उजागर कर रहा था। नकुल व सहदेव का अपनी सीमाओं में रहकर टीम के हित में खेलना और हर भूमिका को शिरोधार्य करना भी द्रौपदी को अच्छा लगता था। द्रौपदी सोचती थी कि जीवन एक बार ही जिया जाता है, अतः उसे अपनी शर्तों पर ही जीना चाहिए। इसीलिए उसने इन पाँचों प्रतिभाशाली भाइयों के साथ रहने की ठान ली

थी। उन पाँचों को भी मालूम था कि भले ही द्रौपदी रह सबके साथ रही थी, पर उसकी वास्तविक आसक्ति अर्जुन से ही है।

समय बीतता गया और युधिष्ठिर की कप्तानी में हस्तिनापुर वारियर्स की टीम देश–विदेश में अपना तहलका मचाने लगी। बल्लेबाजी में भीम

की जिस्मानी ताकत व तकनीक चौके-छक्कों की बरसात करती, तो गेंदबाजी में अर्जुन की अचूक यॉर्कर का विपक्षी बल्लेबाजों के पास कोई जवाब न होता था। हस्तिनापुर वारियर्स का मुकाबला कोई और नहीं कर सकता था सिवाय हस्तिनापुर ब्रेवहार्ट क्लब के। हस्तिनापुर ब्रेवहार्ट क्लब में प्रतिभाशाली खिलाड़ी तो थे, पर उनके व्यक्तित्व खंडित थे। वे किसी-न-किसी अन्य उलझन में फँसे रहते थे।

क्रिकेट खेल तकनीक, तरकीब, तरतीब व किस्मत का खेल तो है ही, पर मानसिक दृढ़ता का भी खेल है। जरा-सी एकाग्रता भंग हुई नहीं कि आप महान् खिलाड़ी के पद से लुढ़ककर मामूली खिलाड़ी बन जाते हैं। इस मायने में हस्तिनापुर वारियर्स की टीम युधिष्ठिर की कप्तानी में ज्यादा सुदृढ़ नजर आती थी। हस्तिनापुर ब्रेवहार्ट की टीम में सिक्सर एक्सपर्ट दुर्योधन, तकनीकी रूप से कुशल बल्लेबाज कर्ण, तेज गेंदबाज अश्वत्थामा व अपने दिन किसी से भी परास्त न होने वाला जयद्रथ भी था। उनके लिए दु:शासन व शकुनि भी योजनाएँ बनाने में तो होशियार थे ही, स्पिन गेंदबाजी भी कर लेते थे।

हर किसी क्रिकेट प्रेमी का सपना था कि हस्तिनापुर वारियर्स व हस्तिनापुर ब्रेवहार्ट का मुकाबला हो। शायद यह मुकाबला टी-20 क्रिकेट का विश्व का सर्वश्रेष्ठ मुकाबला कहा जा सकता था। क्रिकेट प्रेमियों का यह सपना हकीकत में बदलने वाला था। क्लब चैम्पियनशिप के फाइनल में ये दो टीमें अपने मुकाबले आसानी से जीतकर अन्तिम मुकाबले में पहुँच गई थीं। दोनों टीमों के खिलाड़ियों में आपसी खुन्नस भी बहुत थी। दुर्योधन अगर भीम से बेपनाह नफरत करता था, तो कर्ण अपने-आप को अर्जुन से बेहतर मानकर ही बात करता था। अश्वत्थामा भी अर्जुन के मुकाबले अपने को बराबरी का तेज गेंदबाज ही मानता था और इस मुकाबले का बड़ी बेताबी से इन्तजार कर रहा था।

पर शकुनि जानता था कि सीधे मैदानी मुकाबले में युधिष्ठिर की हस्तिनापुर वारियर्स को नीचा नहीं दिखाया जा सकता है। उसने मैच के दो दिन पहले युधिष्ठिर को ताश के तीन-पत्ती खेल खेलने का निमंत्रण

भिजवा दिया। शकुनि को तीन-पत्ती खेल में कभी कोई हरा नहीं पाया था। जुआ ऐसी चीज है, जो पहले तो आदत बनती है फिर लत बन जाती है। हारने वाले को हर बार यही लगता है कि अगली बाजी वह जरूर जीत जाएगा। युधिष्ठिर को प्रशिक्षक किशनलाल ने कई बार इस जुए के खेल में भाग लेने से तौबा करने की सलाह दी। पर जुए के खेल के रोमांच ने इनके कदम तीन-पत्ती खेल पर जाने के लिए विवश कर ही दिए।

फिर वैसा ही हुआ, जिसकी कल्पना की गई थी। युधिष्ठिर लगातार फँसते चले गए शकुनि की चालों में। उनके पास जेब में मौजूद तमाम धन-दौलत वह हार गए। तब शकुनि ने व्यंग्य करते हुए कहा, ''अब तो दम खत्म हो गया होगा आपका? क्या अब नहीं खेलना है? अगर कुछ नहीं बचा, तो द्रौपदी को दाँव पर लगा दो। अरे भाई कुछ नहीं तो हार जाने पर एक बार दु:शासन के साथ नृत्य करने का दाँव ही लगा दो।''

युधिष्ठिर पर तो जुए का भूत सवार हो गया था। बिना भाइयों से सलाह किए उन्होंने वैसी ही शर्त लगा दी। पर भाग्य ने इस बार भी युधिष्ठिर का साथ नहीं दिया। हारने के बाद उन्हें समझ में आया कि उन्होंने अपने लिए पहला काला अध्याय लिख लिया है। द्रौपदी भी बिफर पड़ी, ''क्या मुझे सामान या वस्तु समझ रखा था, जो मुझ पर दाँव लगा दिया। और अर्जुन, भीम, नकुल व सहदेव आप सबको क्या हो गया था कि आपने अपने ज्येष्ठ भ्राता को रोका नहीं। आपने तो मेरे प्रति अपना धर्म निभाया नहीं, लेकिन लगता है, मुझे आपके वचनों का धर्म निभाना पड़ेगा।''

युधिष्ठिर, भीम, अर्जुन, नकुल व सहदेव देखते रहे व मन-ही-मन अपने-आप को कोसते रहे और उधर दु:शासन ने द्रौपदी के इर्द-गिर्द नृत्य करना शुरू कर दिया। भीम ने तब कसम खाई, ''अगले मैच में ही दु:शासन मैं तुम्हें अपनी गेंदों से नाकारा बना दूँगा। तुम न मुँह दिखाने लायक रहोगे और न खेलने के काबिल। द्रौपदी के अपमान का बदला जरूर लूँगा।''

दु:शासन ने व्यंग्यपूर्वक जवाब दिया, ''वह मैच में देखा जाएगा। फिर तुम तो बल्लेबाज हो। गेंदबाजी की डींग क्यों हाँक रहे हो?'' उसके इस जवाब से भीम दाँत पीसकर रह गया।

वक्त कहाँ रुकता है। मैच का दिन भी आ गया। पूरा स्टेडियम ठसाठस भर गया था। समर्थक अपने प्रिय खिलाड़ियों के फोटो पोस्टरों पर चिपकाकर टेलीविजन कैमरामैन का ध्यान अपनी ओर आकर्षित कर रहे थे। हस्तिनापुर वारियर्स ने टॉस जीतकर बल्लेबाजी चुनी और 20 ओवरों में 135 रन बनाए। अकेले भीम ने 7 तूफानी छक्कों की मदद से कुल 72 रन बनाए, फिर अश्वत्थामा की यॉर्कर का शिकार बन गए। 136 रन का लक्ष्य यूँ तो कठिन नहीं था, पर अर्जुन की तूफानी गेंदबाजी को देखते हुए चुनौतीपूर्ण जरूर था।

शुरू के 2 ओवरों में ही अर्जुन ने 4 विकेट झटकाकर हस्तिनापुर ब्रेवहार्ट की उम्मीदों को करारा झटका दिया। लेकिन तब तकनीकी रूप से ठोस कर्ण व छक्के लगाने की कला में माहिर दुर्योधन के बीच 90 रनों की जोरदार भागीदारी हो गई। इससे ब्रेवहार्ट को काफी राहत मिली। लेकिन जब लग ही रहा था कि हस्तिनापुर ब्रेवहार्ट उलटफेर करके मैच जीत जाएगा तब प्रशिक्षक किशनलाल ने पानी का गिलास मैदान पर भेजकर संकेत भिजवाया कि अर्जुन के बचे हुए दो ओवर अब करा लें। अर्जुन ने आते ही दुर्योधन के डंडे बिखेर दिए व दो गेंदों बाद कर्ण को हिट विकेट आउट करा दिया। मैच की तकदीर बदलने के हालात उत्पन्न हो गए। तभी दु:शासन विकेट पर आया। आते ही भीम को ताना मारते हुए बोला, ''भीम, बहुत शेखी बघार रहे थे। अब गेंदबाजी करने आओ ना?''

युधिष्ठिर ने बड़ा जुआ खेलते हुए गेंद भीम को थमा दी। भीम ने लम्बा रन अप लिया और पूरी ताकत से 160 किलोमीटर प्रति घंटे की रफ्तार की 'बीमर' मार दी, जो 'थड़' की आवाज के साथ दु:शासन के सीने पर लगी। दु:शासन वहीं ढेर हो गया और फिर उठ न पाया। दुर्योधन ने मैच का बहिष्कार कर दिया कि यूँ 'बीमर' करना खेल

भावना के विरुद्ध है। अम्पायर ने मैच हस्तिनापुर वारियर्स को दे दिया। युधिष्ठिर की टीम जीत गई। अगले दिन डॉक्टरों ने दुःशासन की जान तो बचा ली, पर जिन्दगी भर क्रिकेट न खेलने की हिदायत दे दी। भीम की कसम पूरी हुई और साथ ही द्रौपदी का बदला भी।

क्रिकेट का संजय

इतिहास खँगालें, तो पाएँगे कि आँखों देखा हाल सुनाने वाला दुनिया का पहला कमेन्टेटर संजय ही था। महाभारत के युद्ध का चित्र की तरह सजीव वर्णन करके अन्धे महाराज धृतराष्ट्र को वह पल-पल की खबर दे रहे थे। वह तो इतिहास प्रसिद्ध संजय बन गए, जो अपनी दिव्य दृष्टि व सजीव वाणी से युद्ध का चित्र खींच रहे थे। पर इस मध्यम वर्गीय परिवार के लड़के का नाम संजय क्यों रखा गया, वह आज तक नहीं समझ पाया। बचपन में ज्यादा बोलने की आदत व हर क्रिकेट कमेन्टेटर की शैली की नकल करने की पारंगतता के कारण धीरे-धीरे वह भी कमेन्टेटर बन गया। माता-पिता ने कभी सोचा न था कि उनका पुत्र एक दिन देश का नामी कमेन्टेटर बनेगा।

वक्त पर लगाकर उड़ता गया और संजय की कमेन्टरी यात्रा बढ़ती गई। पहले रणजी ट्रॉफी व फिर टेस्ट मैचों की कमेन्टरी-प्रसिद्धि के सोपान चढ़ रहा था वह। एक कमेन्टेटर की तरह संजय की तूती बोलने लगी थी। सभी बड़े चैनलों से बुलावा आने लगा था। खिलाड़ी भी उसकी इज्जत करते थे, क्योंकि उसकी आवाज में एक ईमानदारी थी।

तकनीकी पहलुओं को समझकर धाराप्रवाह व्याख्या, मीठी बोली, सरल भाषा में दिल को छू जाने की क्षमता व त्वरित प्रतिक्रिया के धनी होने के कारण वह हर दिल अजीज हो गया था। निष्पक्षता उसकी पहचान बन गई थी इसलिए कोई भी खिलाड़ी उससे सवाल-जवाब नहीं करता था।

लोकप्रियता के इसी दौर में उसका प्रेम-प्रसंग भी शुरू हो गया। पर जैसा कि प्रसिद्ध व्यक्तियों के साथ होता है, वक्त की कमी, दौरों की बहुतायत व इसी कारण कई जरूरतों को पूरा न कर पाने की मजबूरी ने रिश्तों में दरार पैदा कर दी। जिम्मेदारियों के बोझ तले वह काफी अनमना-सा हो गया था। लोग इसकी इस नई बेरुखी का कारण नहीं समझ पा रहे थे। वह जानता था, पर किसी से अपने दिल की बात कह न पाता था। महाभारत के भीषण युद्ध का वर्णन करते वक्त वह संजय कभी युद्ध

का पात्र तो न बन पाया था, पर युद्ध का चित्रण करते वक्त युद्ध से उत्पन्न तमाम दुख उसने मन-ही-मन झेले थे। आज का संजय भी कभी खेल नहीं पाया था, पर भारत की हर पराजय का दुख उसने भी कहीं भीतर से झेला था। निष्पक्षता की जिम्मेदारी का साया ऐसा ही होता है।

प्रेमिका अल्पना की बेरुखी ने उसे कहीं भीतर से झकझोर दिया था। व्यक्तिगत जिन्दगी में वह भी कुछ लापरवाह हो गया था। जिन्दगी में जब कड़वाहट घुल जाती है, तो कुछ भी अच्छा नहीं लगता है। क्रिकेट को बरसों से परखते रहने के कारण क्रिकेट में बह आई व्यावसायिकता की फुहार को वह महसूस तो करने लगा था। क्रिकेट अब धर्म नहीं व्यवसाय हो गया था। ''मुझे क्या, यह सब हो रहा है तो अपनी बला से।'' उसका बेपरवाह दृष्टिकोण अब यह हो गया था।

तभी एक दिन उसकी जिन्दगी ने ऐसी करवट ली, जिसकी उसने कल्पना तक न की थी। विदेशी भूमि पर यह मैच था। साथी कमेन्टेटर अनल गुप्ता के मोबाइल की घंटी बजी। उसके हाथ में माइक्रोफोन था, अत: उसने संजय को फोन उठाने के लिए कहा। संजय के फोन उठाते ही उधर से एक महीन आवाज आई, ''अनल, यह क्या हो रहा है। क्या कप्तान से बात नहीं हुई थी? तुम्हारी टीम तो जीत रही है।''

संजय हक्का-बक्का रह गया। उसने कहा, ''मैम, अनल तो कमेन्टरी कर रहा है, वह अभी बात नहीं कर पाएगा।''

पर तभी अनल ने इशारा किया, ''लंच हो गया है, होल्ड रखो। मैं अभी बात कर रहा हूँ।''

संजय ने यह सूचना तुरन्त फोन पर दे दी और तभी अनल ने आकर फोन ले लिया। ''बात हो गई है मैम, काम हो जाएगा। अभी 53 रन बाकी हैं। डोंट वरी।'' फिर फोन बन्द हो गया। फोन रखकर अनल ने संजय को देखा यह परखने के लिए कि उसे क्या समझ आया है। संजय केवल खोखली-सी हँसी हँस पाया। तभी संजय ने देखा कि अनल गुप्ता पैवेलियन में जा रहा है। जब वापस आया तो उसके चेहरे पर सन्तोष के चिह्न थे।

फिर संजय का कमेन्टरी का समय आया, तो उसने पाया कि क्रीज पर जमे मौजूदा कप्तान अचानक रन लेते हुए फिसलकर रन आउट हो गए। बाकी के बल्लेबाज भी ऐसे खेले मानो कोई उत्सव में खेलने आए हों। बात की बात में पूरी टीम आउट हो गई और विपक्षी टीम की अनपेक्षित जीत हो गई। जीत-हार तो खेल में होती ही रहती है, पर संजय के अन्तर्मन में वह महीन आवाज पैठ बना गई। वह आवाज कह रही थी कि मैच 'फिक्स' करना है। संजय को यूँ अनमना देखकर अनल ने कहा, "यूँ ईमानदारी का अवतार बनकर जीना आसान नहीं है। तुम भी इस काम में लग जाओ। तुम्हारे भी वारे-न्यारे करा दूँगा। यूँ कोरी कमेन्टरी करके लोगों के दिलों में बसने से मिलता क्या है? क्रिकेट अब धर्म नहीं है। अब तो यह खेल भी नहीं बल्कि व्यवसाय हो गया है। इस व्यवसाय में अगर शामिल नहीं हुए, तो बाहर किए जाने के लिए तैयार रहो।"

संजय से ये नामुराद बातें सही नहीं गईं। उसने आग्नेय नेत्रों से अनल की ओर देखा, "अरे, तुम क्रिकेट की अस्मिता का सौदा करते हो। कितने बेगैरत इनसान हो? वह इनसान ही क्या जिसमें चरित्र कूट-कूटकर न भरा हो।"

"चरित्र-वरित्र तो रखो तुम अपने पास।" अनल ने तुनककर जवाब दिया तो संजय स्तब्ध रह गया। अनल ने फिर कहा, "मैं तो तुम्हें अपना समझकर यह अवसर दे रहा हूँ। अन्यथा कुछ ही क्रिकेट खिलाड़ियों द्वारा हथियाए इस क्षेत्र में अदने कमेन्टेटर की भूमिका की जगह कहाँ है। अगर तुम उसमें शामिल नहीं होना चाहते, तो मत हो। पर मुँह खोलने की कोशिश न करना अन्यथा इसकी तुम्हें भारी कीमत चुकानी पड़ेगी।"

संजय सन्नाटे में आ गया। उसे चहुँ ओर अँधेरा दिखाई देने लगा। उसे आश्चर्य हुआ कि केवल कुछ लोगों की साजिश से क्रिकेट का यह पवित्र खेल इस मुकाम तक आ पहुँचा है। लालच की भी कोई सीमा होती है। फिर उसने एक कठोर निर्णय ले लिया। मूल धारा में तो सभी बहते हैं। पर धारा के विपरीत तैरकर पार लगने का मजा ही कुछ और

है। उसने ठान लिया कि पाप के इस गठबन्धन को उजागर करके रहेगा। पर वह करेगा कैसे? वह सबूत कहाँ से लाएगा? सबूत नहीं लाने पर चतुर लोग उसी पर ताने भी कसेंगे व वार भी करेंगे।

उसने एक प्रेस-कॉन्फ्रेंस बुलाई और इस गठबन्धन का पर्दाफाश करने की कोशिश की। उसने यह भी कहा कि सबूत नहीं हैं, पर सत्य से नजरें फिराना भी मुनासिब नहीं होता। क्रिकेट खेल को बचाना है तो सभी को मिलकर इसके खिलाफ आवाज उठानी होगी और जरूरत पड़ी तो लड़ना भी होगा।

प्रेस-कॉन्फ्रेंस की खबरें अखबारों में छपते ही विरोधी भी सक्रिय हो गए। संजय पर मनगढ़न्त आरोप लगाने के लांछन लगाए गए। इसी आरोप में संजय को कमेन्टरी के क्षेत्र से निलम्बित कर दिया गया। महाभारत के कमेन्टेटर संजय की तरह ही आज के क्रिकेट कमेन्टेटर संजय के कमेन्टरी जीवन के अध्याय का अन्त हो गया। बेईमानी के खिलाफ जुबाँ खोलने की कीमत उसे चुकानी पड़ी।

क्रिकेट का एकलव्य

उसके माता-पिता ने बहुत समझाया था कि क्रिकेट अभिजात्य वर्ग का खेल है। दौलत व सम्पर्कों के बिना शीर्ष पर पहुँचना मुश्किल ही नहीं नामुमकिन है। उन्होंने यह भी सलाह दी थी कि क्रिकेट का पागलपन छोड़कर पढ़ाई की तरफ ध्यान देना चाहिए। उनकी दृष्टि में क्रिकेट खेल एक संक्रामक रोग का नाम था, जिससे बचने के लिए सही वक्त पर उपचार की जरूरत होती है। पर 'क्रिकेट-रोग' से पीड़ित एकलव्य कहाँ माननेवाला था? वह बचपन से ही 'स्पिन' की कला का बड़ा मुरीद था। सुभाष गुप्ते, विनू मांकड, एरापल्ली प्रसन्ना, बिशनसिंह बेदी, चन्द्रशेखर व अनिल कुम्बले को वह अपना प्रेरणास्रोत मानता था। प्रसन्ना न बिशन बेदी की गेंद को 'फ्लाइट' (Flight) करने की कला वह बारीकी से देखता। प्रसन्ना की 'फ्लोटर' (Floater) गेंद का वह कायल हो गया था। प्रसन्ना यूँ तो शास्त्रीय शैली की ऑफ ब्रेक गेंद करते थे, पर फ्लोटर ऑफ स्टम्प की लाइन में पड़ने के बाद ऑफ स्टम्प के बाहर निकल जाती थी। बल्लेबाज ऐसी गेंद पर अक्सर स्लिप में कैच दे बैठता था।

एकलव्य भी अपने ही किस्म की 'फ्लोटर' या 'दूसरा' (Doosra) गेंद करने में सिद्धहस्त होना चाहता था। यही उसका सपना था और यही उसकी मंजिल। उसे मालूम था कि बगैर गुरु के कोई भी साधना पूरी नहीं हो सकती। एक बेमिसाल प्रशिक्षक के रूप में गुरु द्रोणाचार्य की बड़ी ख्याति फैल रही थी। तेज गेंदबाजी व स्पिन कला की बारीकियाँ वह बड़ी मेहनत से सिखाते थे। भारत के कई सितारे उनसे यह कला

सीख रहे थे। इन सितारों में युधिष्ठिर, अर्जुन, भीम, नकुल, सहदेव व दुर्योधन जैसे खिलाड़ी शामिल थे। ये सभी उच्च वर्ग से ताल्लुक रखते थे। सीखने आते, तो चमचमाती कारों में आते। उनके अर्दली सामान उठाते और प्रशिक्षण लेकर शान से चले जाते। एकलव्य ने पाया कि द्रोणाचार्य की अर्जुन के प्रति बड़ी आसक्ति है और अर्जुन भी अपनी जिज्ञासा व जल्दी सीख लेने की योग्यता के बल पर अपने गुरु को प्रभावित करता रहता था।

एकलव्य ने तय कर लिया कि वह हिम्मत करके गुरु द्रोणाचार्य के पास जाएगा और शिष्य के रूप में स्वीकार करने का अनुनय करेगा। माता-पिता ने निरुत्साहित किया कि द्रोणाचार्य एक महँगे प्रशिक्षक हैं। एक भील की सन्तान को वह क्रिकेट की बारीकियाँ हरगिज नहीं सिखाएँगे। पर एकलव्य पर तो भूत सवार था। द्रोणाचार्य के प्रति उसकी श्रद्धा अटूट थी।

'सीखूँगा तो गुरु द्रोणाचार्य से ही, किसी और से नहीं,' वह मन ही मन बुदबुदाया। वह खुद भी जंगल में जाकर पेड़ को स्टम्प मानकर स्पिन गेंदबाजी का घंटों अभ्यास करता रहता था। फ्लाइट करके बल्लेबाज को चकमा कैसे देना है, इसकी कला पर उसने महारत हासिल कर ली। द्रोणाचार्य की तस्वीर पेड़ पर टाँगकर पहले वह पूजा-अर्चना करता और फिर अभ्यास करता। मन ही मन गुरु जो मान लिया था उसने।

एक दिन हिम्मत करके निकर व बनियान पहनकर ही वह गुरु द्रोणाचार्य के पास पहुँच गया और शिष्य के रूप में ग्रहण करने का अनुनय किया। द्रोण ने उससे नेट में गेंदबाजी करने को कहा। एकलव्य की स्पिन की कला को देखकर वह हैरान रह गए। उन्हें लगा कि अर्जुन की तरह ही यह बालक विलक्षण प्रतिभा का धनी है। तब उन्हें यह भी लगा कि अगर इसे सही प्रशिक्षण व मार्गदर्शन मिले, तो यह अर्जुन को भी मात दे सकता है। वह उस कल्पना मात्र से ही काँप उठे। उन्होंने तो अर्जुन को दुनिया का श्रेष्ठ गेंदबाज बनाने का वादा जो किया था। द्रोणाचार्य अद्‌भुत प्रशिक्षक तो थे ही, राजनीतिज्ञ भी थे। उन्होंने एकलव्य

से उसके माता-पिता व पूरी पृष्ठभूमि की जानकारी ले ली। फिर एकलव्य के कन्धे पर हाथ रखकर कहा, "देखो एकलव्य, मैं केवल राजा-महाराजा के बच्चों व अभिजात्य वर्ग के बच्चों को ही सिखाने के लिए प्रतिबद्ध हूँ। तुम मेरी फीस नहीं दे पाओगे। तुम्हें मैं निराश नहीं करना चाहा, पर कह देता हूँ कि क्रिकेट का यह खेल तुम्हारे लिए नहीं है।"

एकलव्य ने लाख अनुनय-विनय किया पर द्रोणाचार्य का मन नहीं पसीजा। निराश एकलव्य बुझे मन से घर लौट गया। माता-पिता ने सारी बातें जानकर उसे फिर नसीहत दी, "अब तो समझ गए न तुम एकलव्य! क्रिकेट में आगे बढ़ना अब तुम्हारे बस की बात नहीं है। पागलपन छोड़ो और पढ़ाई-लिखाई में लग जाओ।"

पर एकलव्य की द्रोणाचार्य के प्रति श्रद्धा अडिग थी। उसने द्रोणाचार्य की पूजा-अर्चना ज्यादा जोर-शोर से शुरू कर दी। "आप नहीं, तो आपकी तस्वीर ही मेरी प्रेरणा बनेगी।" वह बोल उठा। दिन-रात वह स्पिन गेंदबाजी के ही सपने देखने लगा। उसे लगा कि गुरु द्रोणाचार्य का आशीर्वाद उसे भारत का श्रेष्ठ स्पिनर बना देगा। उसने उस क्लब में अब 'बॉल बॉय' की नौकरी कर ली, जहाँ अर्जुन व उसके भाई द्रोणाचार्य से प्रशिक्षण ले रहे थे। उसकी वेशभूषा अब बदल गई थी। उसका काम था कि जहाँ भी स्ट्रोक लगे, वहाँ से गेंद उठा-उठाकर वापस गेंदबाज को देना। द्रोणाचार्य ने राहत महसूस की कि अब इस होनहार लड़के ने खेलना छोड़ दिया है।

एक दिन द्रोणाचार्य अर्जुन को असरकारी 'दूसरा गेंद' करने की कला सिखा रहे थे। अर्जुन को तेज गेंदबाजी की कला में वह पहले ही पारंगत कर चुके थे। गेंद पुरानी पड़ने पर 'स्पिन' व 'दूसरा' गेंद की कला वह सिखाना चाहते थे। एकलव्य ने छुपकर देख-समझ लिया कि कैसे अँगूठे व बीच की उँगली का प्रयोग करके गेंद को ऑफ स्पिन की बजाय 'लेग कटर' की तरह बाहर निकालकर बल्लेबाज को भ्रम में डाला जा सकता है। फिर जंगल जाकर उसने इस गेंद का घंटों अभ्यास किया। कुछ ही महीनों में उसने इस कला में पारंगतता हासिल कर ली।

एक दिन द्रोणाचार्य अपने प्रिय शिष्यों को प्रशिक्षण देते हुए क्रिकेट की बारीकियाँ समझा रहे थे। अभ्यास के वक्त गेंदबाजों की कमी पड़ गई। द्रोणाचार्य ने तब गेंद एकलव्य की ओर बढ़ा दी।

''लो, एकलव्य आज तुम ही गेंदबाजी करके बल्लेबाजों को अभ्यास करा दो।''

एकलव्य को तो मानो मन की मुराद मिल गई। आज वह अपने गुरु को अपनी कला के प्रदर्शन से खुश कर देगा। यह बात मन में ठानकर उसने दुर्योधन, नकुल, सहदेव, युधिष्ठिर, भीम व अर्जुन को बारी-बारी से गेंदबाजी करनी शुरू की। बात की बात में दुर्योधन, सहदेव, युधिष्ठिर व भीम के डंडे उसने बिखेर दिए। अर्जुन भी उसकी गेंदबाजी पर बहुत परेशान हुआ। उसकी 'दूसरा' गेंद किसी को समझ नहीं आ रही थी। द्रोणाचार्य का पारा तो गुस्से से सातवें आसमान में पहुँच गया। उन्होंने तमतमाकर पूछा, ''एकलव्य, यह 'दूसरा' गेंद करने का तरीका तुमने कहाँ से सीखा?''

''आप से ही सीखा गुरुवर! आप जब अर्जुन को सिखा रहे थे, तब मैंने भी छुपकर सब देख लिया था। फिर घंटों व महीनों अभ्यास करके इस पर अधिकार व नियंत्रण हासिल किया है।'' एकलव्य ने लगभग गर्व से सच्चाई उगल दी। उसकी लगन देखकर द्रोणाचार्य भी चकित रह गए।

''तुम अभ्यास कहाँ करते हो एकलव्य? क्या वह जगह मुझे दिखाओगे?''

''जरूर गुरुजी।'' एकलव्य ने कहा। फिर आश्चर्यचकित मुद्रा में द्रोणाचार्य एकलव्य के साथ जंगल में वहाँ पहुँचे जहाँ एकलव्य अभ्यास करता था। पेड़ पर अपनी तस्वीर देखकर वह चमक गए।

''यह क्या है एकलव्य?'' उन्होंने विस्मित होकर प्रश्न किया।

''आपके आशीर्वाद से ही यहाँ मैंने अभ्यास किया। आपको गुरु मानकर आप ही से सब कुछ सीखा है।'' अगाध श्रद्धा से एकलव्य बोल उठा।

"गुरु मान लिया है, पर गुरु दक्षिणा तो तुमने कभी दी ही नहीं। चुपचाप सीख लिया और गुरु को किनारे कर दिया।" द्रोण ने पाँसा फेंका।

मासूम एकलव्य ने द्रवित होकर कहा, "ऐसा न कहें गुरुवर! आपकी हर आज्ञा को मैं दिल-प्राण से मानूँगा। आप कुछ माँगें और मैं न दूँ, यह हो नहीं सकता।"

"तो फिर ऐसा करो, आज के बाद स्पिन गेंदबाजी करते वक्त अँगूठे का उपयोग करना बन्द कर दो। यही मेरा आदेश है और तुम्हारी गुरुदक्षिणा।" द्रोण ने अर्जुन के राह के काँटे को हटाने की अपनी अनैतिक कोशिश जारी रखी।

"ठीक है गुरुवर, मैं आपका भक्त भी हूँ और शिष्य भी! आज से मैं क्रिकेट से तौबा ही कर लेता हूँ। मेरी यह गुरुदक्षिणा स्वीकार तो कर रहे हैं न गुरुवर।" बुझे स्वर में एकलव्य ने द्रोण से बड़े आदर के साथ याचना की। द्रोण ने आशीर्वाद स्वरूप एकलव्य के सिर पर हाथ रख दिया।

उसके बाद जंगल में किसी ने गेंद के स्टम्पों से टकराने की आहट नहीं सुनी। कलियुग के द्रोणाचार्य ने क्रिकेट के एक और एकलव्य का अँगूठा कटवा दिया था।

❂❂❂